TRAITÉ

DES

CONSTRUCTIONS RURALES.

Décret concernant les Contrefacteurs, rendu le 19 Juillet 1793, l'An II de la République.

La Convention nationale, après avoir entendu le rapport de son Comité d'Instruction publique, décrète ce qui suit :

Art. I. Les Auteurs d'écrits en tout genre, les Compositeurs de Musique, les Peintres et Dessinateurs qui feront graver des Tableaux ou Dessins, jouiront durant leur vie entière du droit exclusif de vendre, faire vendre, distribuer leurs Ouvrages dans le territoire de la République, et d'en céder la propriété en tout ou en partie.

Art. II. Leurs héritiers ou Cessionnaires jouiront du même droit durant l'espace de dix ans après la mort des auteurs.

Art. III. Les Officiers de Paix, Juges de Paix ou Commissaires de Police seront tenus de faire confisquer, à la réquisition et au profit des Auteurs, Compositeurs, Peintres ou Dessinateurs et autres, leurs Héritiers ou Cessionnaires, tous les Exemplaires des Éditions imprimées ou gravées sans la permission formelle et par écrit des Auteurs.

Art. IV. Tout Contrefacteur sera tenu de payer au véritable Propriétaire une somme équivalente au prix de trois mille exemplaires de l'Édition originale.

Art. V. Tout Débitant d'Édition contrefaite, s'il n'est pas reconnu Contrefacteur, sera tenu de payer au véritable Propriétaire une somme équivalente au prix de cinq cents exemplaires de l'Édition originale.

Art. VI. Tout Citoyen qui mettra au jour un Ouvrage, soit de Littérature ou de Gravure dans quelque genre que ce soit, sera obligé d'en déposer deux Exemplaires à la Bibliothèque nationale ou au Cabinet des Estampes de la République, dont il recevra un reçu signé par le Bibliothécaire; faute de quoi, il ne pourra être admis en justice pour la poursuite des Contrefacteurs.

Art. VII. Les Héritiers de l'Auteur d'un Ouvrage de Littérature ou de Gravure, ou de toute autre production de l'esprit ou du génie qui appartiennent aux Beaux-Arts, en auront la propriété exclusive pendant dix années.

Je place la présente Édition sous la sauve-garde des Loix et de la probité des Citoyens. Je déclare que je poursuivrai devant les Tribunaux tout Contrefacteur, Distributeur ou Débitant d'Édition contrefaite. J'assure même au Citoyen qui me fera connoître le Contrefacteur, Distributeur ou Débitant, la moitié du dédommagement que la Loi accorde. Les deux exemplaires, en vertu de la loi, sont déposés à la Bibliothèque nationale. Paris, ce 10 ventôse an X de la République Française.

TRAITÉ

DES

CONSTRUCTIONS RURALES,

DANS LEQUEL ON APPREND LA MANIÈRE DE CONSTRUIRE, D'ORDONNER ET DE DISTRIBUER LES HABITATIONS DES CHAMPS, LES CHAUMIÈRES, LES LOGEMENS POUR LES BESTIAUX, LES GRANGES, ÉTABLES, ÉCURIES, ET AUTRES BATIMENS NÉCESSAIRES A L'EXPLOITATION DES TERRES ET A UNE BASSE-COUR :

OUVRAGE publié par le Bureau d'Agriculture de Londres, et traduit de l'Anglais avec des Notes et des Additions,

PAR C. P. LASTEYRIE,

Membre des Sociétés Philomatique, d'Encouragement pour l'Industrie Nationale, d'Agriculture du Département de la Seine, de la Société Royale Patriotique de Stockholm, etc.

Pauperiem faciunt ædificia.

PONTANUS.

Avec un volume in-4°. renfermant 55 Planches gravées en taille-douce par SELLIER.

A PARIS,

Chez F. BUISSON, Imprimeur-Libraire, rue Hautefeuille, n°. 20.

AN X (1802)

DISCOURS PRÉLIMINAIRE

DU TRADUCTEUR.

LE Traité dont je donne la Traduction, fait partie des Ouvrages sur l'Economie Rurale, publiés, dans ces dernières années, par le Bureau d'Agriculture de Londres. Les Hommes éclairés qui dirigent cette utile Institution, ont pensé qu'un Bien de campagne ne peut être exploité avec de grands avantages, qu'autant qu'on y trouve des Constructions saines, commodes, élevées à peu de frais, et distribuées de manière à faciliter et à accélérer les travaux; ils ont réuni dans un corps d'Ouvrage les notions acquises sur cette matière par l'expérience des meilleurs Agriculteurs anglais.

Cette partie de l'Economie Rurale est bien plus avancée en Angleterre qu'en

A

France ; les Propriétaires aisés de la Grande-Bretagne, vivant à la campagne et s'adonnant à la culture des Champs, ont cherché à rendre leurs Habitations plus commodes, et l'Exploitation des Terres plus facile et plus lucrative ; tandis qu'en France la direction des Constructions Rurales ayant été abandonnée à la routine des Fermiers, et à l'ignorance des Constructeurs, toute espèce d'amélioration en ce genre a été négligée, et l'art est resté dans l'enfance.

La Société d'Agriculture du Département de la Seine, pénétrée de cette vérité, a proposé, il y a quelques années, un Prix sur les Constructions Rurales. Les Mémoires qui lui ont été envoyés n'ayant point rempli ses vues, elle a remis à un second Concours ce Prix qu'elle vient d'adjuger, quoique cependant les Plans et les Mémoires présentés fussent au-dessous du degré de perfection qu'elle avoit droit d'exiger.

(iij)

Nous avons donc pensé qu'un Ouvrage de cette nature, qui n'existoit pas
encore dans notre langue, mériteroit
d'être traduit, et qu'il pourroit être utile
aux progrès de l'Agriculture française.

Comme la Traduction que je donne
ici doit précéder celle des autres Ouvrages du Bureau d'Agriculture de Londres, qui seront successivement publiés,
j'ai pensé qu'il étoit bon de faire connoître au Lecteur une Institution qui n'honore pas moins les particuliers qui l'ont
fondée, que le Gouvernement qui l'a
protégée et soutenue.

M. John Sinclair fit, en 1793, au Parlement d'Angleterre, une motion par
laquelle il provoquoit l'établissement
d'un Bureau d'Agriculture, et demandoit qu'il fût accordé une somme annuelle de 72,000 livres pendant l'espace
de cinq ans. Ces demandes ayant été accueillies et sanctionnées par un Bill du

Parlement, le Bureau fut organisé dans le courant de la même année. Il fit alors imprimer sur les diverses branches de l'Economie Rurale, des Questions qui furent répandues dans les Comtés de la Grande-Bretagne. La circulation de ces Ecrits attira l'attention du Public, et elle excita l'émulation et le zèle des Cultivateurs. Le Bureau, après avoir reçu les réponses faites à ces Questions, les fit imprimer séparément, et dans un corps d'Ouvrage; il les envoya ainsi dans chaque Comté respectif, en invitant les meilleurs Agriculteurs à revoir ces réponses, à corriger les erreurs qui s'y trouveroient, et enfin à donner les renseignemens qui pourroient avoir été omis.

Le Bureau d'Agriculture, ayant reçu les Observations qu'il avoit provoquées, publia, outre divers Traités sur l'Economie Rurale, des Ouvrages sur l'état de l'Agriculture dans chaque Comté,

sur les obstacles qui s'opposent à ses progrès, et sur les améliorations dont elle
est susceptible. Ces Ouvrages, en faisant
connoître les avantages ou les vices des
méthodes usitées dans la Grande-Bretagne, ont donné aux Agriculteurs des
notions positives sur leur art, et leur
ont appris à substituer aux Pratiques vicieuses celles dont les avantages étoient
démontrés par une longue expérience.

Les Anglais reconnoissent que les progrès rapides de leur Agriculture dans
ces dernières années, sont dus en partie
aux travaux du Bureau d'Agriculture,
aux lumières qu'il a répandues, et à
l'impulsion qu'il a su donner à l'esprit
public. Les plus habiles Publicistes de
la Grande - Bretagne pensent que *les
avantages qui doivent résulter de cet
Etablissement, sont plus importans
pour la Nation que ceux qu'elle a retirés
des meilleures Institutions des temps*

modernes. Ce sont là les expressions du Docteur Anderson, dans son *Essai sur l'Agriculture.*

On doit en effet concevoir une haute idée d'une Institution qui, dans un court espace de temps, a concouru d'une manière si marquée au perfectionnement de l'Agriculture. Il n'est pas permis de douter qu'elle n'ait, par la suite, une grande influence sur l'Industrie, le Commerce et la prospérité anglaise.

On regrette que le Peuple Français, qui est plus essentiellement agricole que ne le sont les Anglais, n'ait pas vu se former une Institution du même genre. Ce regret est d'autant mieux fondé, que l'idée primitive, et même l'exécution en petit, est due aux Français, quoique les Anglais aient écrit qu'ils l'avoient conçue les premiers. *Il me suffit de déclarer* (dit M. Sinclair dans ses Observations préliminaires sur l'origine du

(vij)

(Bureau d'Agriculture , page 1) *que je
n'ai pas connoissance que personne ait
recommandé une mesure de ce genre,
avant l'époque où je l'ai moi-même pro-
posée.* Il est probable que M. Sinclair ne
connoissoit pas ce qui avoit été écrit et
fait à ce sujet en France. Mais on me
persuadera difficilement que les Mem-
bres du Bureau d'Agriculture de Londres, hommes très-versés dans la théo-
rie et la pratique de l'Agriculture, aient
ignoré ce que les Economistes et quelques
Sociétés avoient fait à ce sujet, et ce qui
se trouve inséré dans nos meilleurs Ouvrages. Cependant, comme les Anglais
sont très-habitués à s'emparer et à se
prévaloir des idées et des inventions des
autres Peuples, il est bon de rappeler
ici ce que nous avons projeté et exécuté
avant eux.

On peut consulter l'*Ami des Hommes*,
imprimé en 1759, t. V, p. 251, et on y

trouvera une série de Questions sur la Population, l'Agriculture et le Commerce, d'une étendue plus considérable que celles publiées par le Bureau d'Agriculture de Londres. L'Auteur invite *les Citoyens zélés pour le bien de l'Etat, à répondre à ces Questions, à faire insérer leurs Réponses dans le Journal Economique.*

La Société d'Agriculture de Tours a publié, dans ses Mémoires pour l'année 1761, *un Corps de questions sur l'Agriculture*, qu'elle envoya dans les divers cantons de la Province. Cette Société, ne pouvant étendre ses vues de bienfaisance au-delà de son arrondissement, a fait en petit ce que les Anglais ont depuis imité en grand. On trouve enfin des vues sur le même sujet dans le Journal Economique, dans la Feuille du Cultivateur, dans les Ouvrages publiés par le Citoyen Tessier, etc.

(ix)

Le mérite que les Anglais ont eu en imitant le plan que nous leur avons tracé, c'est de l'avoir généralisé, de l'avoir suivi et exécuté dans toutes ses parties. M. Sinclair, fondateur du Bureau d'Agriculture de Londres, a bien mérité, non-seulement de ses Compatriotes, mais encore de tous les hommes animés de sentimens philantropiques. En créant cette Institution, il a montré aux Gouvernemens ce qu'ils doivent faire pour les progrès de l'Agriculture, et pour la prospérité des Etats.

Il me suffira, pour faire sentir de quelle importance seroit pour la France un semblable Etablissement, d'observer que, parmi le grand nombre de pratiques vicieuses suivies dans nos Départemens, on trouve des méthodes et des genres de culture très-perfectionnés, mais qui ne sont connus que des seuls cantons où ils sont en usage. Des faits recueillis sur notre propre sol avec soin et exactitude, et d'une manière authentique, offriront aux Cultivateurs des moyens d'amélioration qu'il leur sera facile d'adopter. Ils ne craindront plus de se livrer aux vaines théories et aux fausses notions qu'on leur offre sans cesse dans nos Ouvrages Economiques ; on leur apprendra enfin à mieux cultiver, en leur indiquant les vices de leurs cultures et les perfectionnemens dont elles sont susceptibles.

Le plan que le Bureau d'Agriculture de Londres a suivi, pourroit être facilement exécuté en France, en y apportant les modifications que nécessitent les circonstances, la nature du sol, celle des produits, etc.

Les résultats qu'on doit se promettre de la mesure que nous recommandons ici, seroient bien plus avantageux à la France qu'ils ne peuvent l'être à l'Angleterre. L'art étant plus avancé dans ce dernier pays, les méthodes vicieuses étant moins communes, et les lumières plus généralement répandues, l'Agriculture y auroit prospéré sans ce moyen, quoique cependant ses progrès eussent été beaucoup moins rapides : mais l'Agriculture française, négligée jusqu'à ce jour et trouvant encore de grands obstacles dans le caractère et les habitudes nationales, demande à être encouragée par des mesures promptes, actives et même extraordinaires. Il est probable qu'aidée de ce moyen, elle parviendra, dans l'espace de vingt années, à un degré de perfection auquel elle ne sauroit atteindre qu'après la révolution d'un siècle, dans l'hypothèse qu'un secours aussi puissant lui seroit refusé.

Si les circonstances n'ont pas été jusqu'à ce moment favorables à une entreprise de cette nature, espérons que la Paix, en levant les obstacles qui s'y opposoient, excitera, parmi les Fran-

çais, des sentimens patriotiques, et portera le Gouvernement à s'occuper d'un
projet dont l'exécution doit avoir une
si grande influence sur l'Agriculture et
sur l'Industrie française.

TRAITÉ

DES

CONSTRUCTIONS

RURALES.

SECTION PREMIÈRE.

SUR LES CONSTRUCTIONS RURALES EN GÉNÉRAL.

LA construction, la disposition et la situation des bâtimens ruraux, sont des objets d'une grande importance, auxquels on doit apporter un soin particulier. C'est de leur judicieuse combinaison que dépendent, en grande partie, la facilité et la promptitude du travail. Cependant, rien de si rare qu'une ferme construite avec discernement, ou située d'une manière avantageuse !

La matière que nous traitons offre un grand intérêt, soit qu'on la considère relativement au propriétaire ou au fermier, soit qu'on veuille l'examiner sous les rapports du bien public.

Elle intéresse vivement le propriétaire, puisque souvent une portion du revenu dépend de l'état des constructions. On doit supposer en effet qu'un fermier auquel on offre la jouissance d'un bail, sur-tout si c'est à long terme, paiera une plus forte somme pour des bâtimens commodes, que pour des bâtimens délabrés, tels qu'ils existent généralement. Ainsi le propriétaire perd souvent un bon fermier, par la raison que les constructions sont mal ordonnées.

J'ai ouï dire à des fermiers qu'ils consentiroient à payer, outre le prix du fermage, l'intérêt à 5 pour 100, ou même plus, des sommes employées à des constructions utiles, et qu'ils se chargeroient des réparations ordinaires durant tout le cours de leur bail.

Un propriétaire peut-il dépenser son argent d'une manière plus avantageuse, qu'en faisant construire des bâtimens commodes, sur-tout s'il retire non - seulement 5 pour 100 de ses fonds, mais même 10, dans le cas où ces bâtimens auroient toute la perfection requise?

Je suis persuadé que les dépenses considé-

(15)

rables qu'exige la construction des bâtimens
ruraux élevés d'après les méthodes ordinaires,
empêchent qu'on ne s'écarte des plans usités ;
il est en effet peu de propriétaires qui se décident à dépenser cinq ou six fois la rente
d'une ferme, pour de nouvelles constructions,
s'ils peuvent se servir des anciens bâtimens,
en y faisant quelques réparations.

En apprenant qu'on dépense 500 guinées [1]
pour la construction d'une grange située sur
une ferme de 100 guinées de rente, ainsi que
cela arrive dans quelques parties de l'Angleterre, et 1,000 guinées pour l'habitation du
fermier, on ne sera pas étonné de la répugnance des propriétaires à entreprendre de
semblables constructions ; car le pourroient-
ils sans démence ?

Voilà peut-être la principale raison pour
laquelle les constructions rurales se trouvent
généralement dans un état qui tend à ruiner
les propriétaires. Si les fermiers peuvent se
convaincre que des granges construites sur
de si vastes dimensions sont utiles, et que le

[1] On trouvera à la fin de l'Ouvrage un Tableau qui
présente les rapports des Monnoies, des Poids et des
Mesures d'Angleterre, avec ceux de France, tant anciens que modernes. (LASTEYRIE.)

blé se conserve mieux lorsqu'on en forme des tas bien aérés [1] ; si on peut leur persuader que les bâtimens ont assez d'étendue lorsqu'ils suffisent aux différens travaux de la ferme, qu'une petite habitation propre, commode, a de grands avantages sur celles qui sont plus vastes, mais mal ordonnées, les propriétaires seront plus disposés à se prêter aux besoins des fermiers. Alors, au lieu de ces bâtimens sombres, incommodes et ruineux, qui se

[1] Il est reconnu que la multiplicité, et sur-tout la trop grande capacité des bâtimens ruraux, enlève, tant en constructions qu'en réparations, une grande partie du revenu d'une ferme. Ce vice dans l'économie des constructions est beaucoup plus commun en France qu'en Angleterre. J'ai vu peu de comtés en Angleterre, où l'usage des meules de paille et de foin ne fût pas adopté ; j'ai trouvé la même coutume en Hollande et dans plusieurs parties de l'Allemagne. C'est donc mal à propos que les fermiers, en France, se refusent à cette pratique, en objectant l'humidité du climat. Il n'est aucune espèce de bâtiment rural aussi dispendieuse que les granges, tant à cause de la quantité que de la qualité des matériaux nécessaires à leur construction. Un agriculteur éclairé doit principalement diriger ses vues d'économie sur cette partie, d'autant qu'il aura la facilité et beaucoup de bénéfice à construire une grange peu spacieuse. On trouvera le dessin d'une meule à blé dans l'Ouvrage que je traduis. L.

voient

voient dans presque toutes les parties du royaume, on en construira qui, réunissant toutes les convenances, auront l'avantage d'être propres et réguliers. Ces constructions seront non - seulement agréables et utiles à ceux qui les occuperont, mais elles serviront encore d'ornement et de décoration au pays.

J'espère prouver par la suite que le genre de bâtimens que l'on propose ici, peut être élevé à peu de frais.

D'après les règles générales qui peuvent être posées relativement à ce sujet, ayant égard aux circonstances et à la variété des prix, ainsi que d'après les observations que j'ai faites sur divers points du royaume, je suis convaincu que le revenu annuel d'une ferme (si ce revenu est de 70 guinées, ou même s'il n'excède pas 140 guinées) peut couvrir les frais des constructions nécessaires à cette ferme, l'habitation du fermier seule exceptée ; qu'une année de revenu suffit pour bâtir l'habitation d'une ferme de 400 guinées de rente, et qu'il y a même des cantons où l'on peut faire construire à moins de frais. Enfin, sur une ferme d'une étendue quelconque, 500 guinées suffisent pour l'habitation, et 1,000

guinées pour les autres constructions rurales [1].

Une bonne construction et une distribution commode des bâtimens importent peut-
être davantage au fermier qu'au propriétaire.
Celui-là, après avoir employé ses soins, ses
travaux et son temps, et avoir éprouvé de
grandes inquiétudes, se trouve dans l'embarras, et essuie même des pertes réelles, si les
bâtimens de sa ferme sont insuffisans ou mal
ordonnés. C'est en effet de leur perfection
que dépendent l'exécution facile des travaux,
la valeur des bestiaux, la sûreté et la conservation des instrumens aratoires, enfin la cer-
titude du gain.

[1] On peut apporter une grande économie dans les
nouvelles constructions, en employant les matériaux
des anciennes. Les gens de l'art qui ont observé nos bâtimens immenses, et aussi dispendieux qu'inutiles,
verront avec étonnement combien la dépense compa-
rative de construction, lorsqu'on trouve sur les lieux
d'anciens matériaux, est en faveur des plans que nous
proposons. Les ouvriers, sur-tout les charpentiers,
sont en général peu disposés à se servir des vieux matériaux. La crainte de rencontrer un clou sous leur hache
ou sous leur scie, les porte à rejeter le vieux bois; ils
conseillent d'en acheter de nouveau, et ils entraînent
ainsi dans de grandes dépenses.

Par une distribution judicieuse des bâtimens (objet si essentiel et si négligé), on obtiendra des domestiques une plus grande quantité de travail et les différens ouvrages de la ferme seront exécutés avec plus de facilité et plus de promptitude[1]. Si les granges, les écuries, les étables, etc. sont placées confusément, sans ordre ni règle, on se trouvera forcé à un travail dont on auroit pu se dispenser ; on perdra beaucoup de temps à porter la nourriture aux bestiaux, et à les maintenir dans le degré de propreté qu'exigent leur santé et leur conservation.

La construction, la situation et les proportions des bâtimens doivent être exactement déterminées d'après la grandeur du bien, et d'après la nature et la quantité de ses produits. Si, par exemple, le bien est destiné à l'éducation ou à l'engrais des bestiaux, on

[1] L'art de distribuer le travail, l'ordre et la promptitude dans les différentes opérations, sont, pour ainsi dire, inconnus en France. C'est principalement par l'application de ces moyens que les Anglais sont parvenus à faire prospérer leurs fabriques, et même leur agriculture. Un cultivateur qui néglige de les employer, trouve toujours un obstacle à l'accroissement de son bénéfice, et souvent il occasionne sa propre ruine. *L.*

n'aura besoin que d'un petit nombre de bâtimens , et en outre quelques abris pour recevoir les animaux, principalement durant l'hi
ver; car en été ou élève souvent, dans les
champs , des abris pour le temps que dure
cette saison. Sur les fermes où l'on tient le bétail dans les étables, seulement pendant l'hiver , ou sur celles qui demandent un plus
grand nombre de bâtimens en hiver qu'en été ,
on peut épargner les frais de toiture, qui sont
assez considérables dans ces abris, en élevant
des murs , ou des piliers, ou des poteaux placés et construits de manière à supporter des
tas de foins , de pois, ou d'autres fourrages
qui ne doivent pas être consommés avant le
printemps, ou avant l'été. Non-seulement on
formera, par ce moyen , un local chaud, mais
on se procurera de plus un emplacement
propre à remplir l'objet dont je viens de
parler. Les abris de cette nature ne suffiront
cependant pas si l'on possède une ferme d'engrais, ainsi qu'on vient de le supposer. Alors
il faut en élever de permanens, d'une construction peu dispendieuse. Si l'on a , par
exemple, dans la ferme une certaine quantité
de planches, ainsi que cela arrive quelquefois,
on peut en former le toit de ces abris, jusqu'au

moment où ces planches seront employées à d'autres usages.

On doit prendre d'autres dispositions sur une ferme dont le produit est en laitage, et qui est composée en partie de pâturages, et en partie de terres arables. L'étable à vaches doit être proportionnée au nombre d'animaux que l'on tient ordinairement, et la laiterie sera disposée convenablement, soit pour la fabrication du fromage, soit pour celle du beurre. Il suffit d'avoir, sur une ferme de cette nature, une petite grange et de petites étables. Mais sur une ferme composée de terres arables, et dont la nature se rapproche assez en général des deux précédentes espèces, les bâtimens doivent être plus nombreux, en raison de la multiplicité des besoins. Les écuries, les étables auront une étendue proportionnée au nombre des chevaux ou des bœufs de labour, à celui des vaches qu'on entretient, ou des bestiaux qu'on engraisse. La grandeur de la grange et celle des greniers doivent être déterminées d'après la quantité de terres arables. La construction des bâtimens pour les jeunes chevaux, pour les veaux, les moutons, les cochons, la volaille, demande la même attention et les mêmes calculs, ayant soin de former un plan général, et de déterminer chaque partie avant de mettre la main à l'œuvre.

L'invention des machines à battre doit apporter des changemens essentiels dans les constructions rurales, particulièrement dans celle des granges. L'ennuyeuse et laborieuse opération du battage avec le fléau, nécessitoit des granges assez spacieuses pour contenir une grande quantité de blé en gerbe, ou du moins un tas tout entier. D'ailleurs, ces granges devoient avoir assez d'élévation pour que le fléau pût agir librement. On n'est plus tenu aux mêmes dimensions lorsqu'on se sert d'une machine à battre ; car cette machine bien construite, pouvant battre le blé dans le même espace de temps que celui employé à le rentrer dans la grange, cette dernière opération devient inutile, et on peut, au besoin, couvrir le reste du tas avec une toile peinte ou goudronnée. Chaque fermier devroit avoir une semblable toile, comme étant d'un usage indispensable pour abriter les tas de paille ou de foin, dans le cas d'un orage, ou lorsque la nuit et d'autres circonstances obligent d'abandonner les tas sans les avoir achevés [1].

[1] Je donnerai, à la fin de ce Traité, le procédé dont se servent les Chinois pour goudronner les toiles. *L.*

L'usage de la machine à battre rendant inutile la grande élévation des granges, on peut former au-dessus de cette machine des greniers ou des magasins, avantage qu'on ne peut se procurer en se servant du fléau pour le battage. En un mot, cette machine est d'une utilité si reconnue, qu'une ferme qui produit 1,000 ou 1,200 bushels de grain, ne sauroit s'en passer. Comme cette machine sera décrite lorsqu'on publiera le *Rapport général*, nous invitons le Lecteur à consulter cet Ouvrage [1].

Lorsqu'on a déterminé le plan d'une construction rurale, on doit, avant de commencer l'ouvrage, avoir égard à quelques circonstances essentielles ; telles sont la situation sous les rapports de la salubrité de l'air, la proximité des eaux, celle des matériaux de construction, l'exposition, la facilité des abords, la nature du sol sur lequel on doit bâtir, les moyens de détourner les eaux,

[1] Je n'ai pas connoissance que cet Ouvrage ait encore paru. Les agriculteurs qui voudront faire construire une machine à battre, pourront consulter le dixième volume du *Dictionnaire d'Agriculture de Rozier*, dans lequel j'ai donné le dessin et la description de cette machine que j'ai vue en Suède, où elle est assez répandue. *L.*

enfin la dépense que doivent occasionner les divers, ouvrages. Comme on excéderoit les bornes qu'on s'est prescrites ici, en traitant ces objets plus au long, et que d'ailleurs ils seront exposés avec beaucoup de détail dans le *Traité pratique sur les Améliorations en Agriculture*, nous renverrons le Lecteur à cet Ouvrage auquel on travaille dans ce moment, et où l'on trouvera la manière d'élever les bâtimens, de former les planchers, et de construire divers genres de toits. Nous allons continuer nos observations sur les constructions rurales ; nous parlerons ensuite de chacune de leurs parties séparément, et de la position la plus commode qu'elles doivent avoir respectivement les unes aux autres.

SECTION II.

HÁBITATION RURALE.

UNE habitation rurale ne doit pas seulement être construite d'une manière commode, mais elle doit encore être propre et régulière. On peut facilement se procurer ces avantages, sans augmenter les frais de construction. Columelle conseille de lui donner une certaine élégance, afin que le propriétaire y puisse trouver une résidence agréable, et que sa femme y soit attirée par l'attrait des jouissances. Il veut qu'on élève les bâtimens sur le lieu le plus sain de la ferme, vers le milieu d'un coteau, à l'abri des vents et des frimats d'hiver, et où les brûlantes chaleurs de l'été se font moins sentir.

L'étendue d'une habitation doit être proportionnée à la quantité de terre qu'on possède ; cependant on ne doit pas apporter autant d'exactitude dans cette proportion, que lorsqu'il s'agit des autres bâtimens ruraux. Une pièce principale, une cuisine, une laiterie, des cabinets, quelques loges sous l'escalier, et un second étage composé de chambres à coucher, suffisent pour loger un fermier avec sa famille. Les dimensions de ces pièces peuvent être augmentées ou diminuées selon les besoins ou le goût du propriétaire ; mais une grandeur disproportionnée aux besoins doit être préférée à un local qui les restreint.

L'habitation du fermier est de toutes les constructions rurales, celle dont la grandeur est la plus difficile à déterminer. Il est des circonstances où une petite maison peut convenir à une grande ferme ; et il en est d'autres aussi où une petite ferme demande une maison d'une certaine grandeur, en raison du nombre de personnes qui composent la famille du fermier, ou même à cause des habitudes contractées par ces personnes ; car il se trouve des fermiers dont le caractère recommandable et la manière de vivre exigent des égards particuliers, et souvent il arrive que le propriétaire bâtit une habitation pour le fermier, et non pour la ferme [1].

[1] Il est rare, en France, qu'un propriétaire soit tenu à des égards de cette nature envers son fermier. L'état d'abjection auquel l'ignorance et l'orgueil des prétendus *gens comme il faut* réduisoit la classe la plus utile de la société, lui a appris à vivre dans les situations les plus fâcheuses. Ce système, il est

L'apparence d'ordre et de propreté qui règne autour d'une maison, fait naître un tel sentiment de plaisir, que l'étranger même qui poursuit sa route, ne peut s'empêcher de concevoir une opinion favorable du caractère de ses habitans. Il emporte avec lui l'idée de leur prospérité et de leur bonheur. Quelle différence de sensation, en considérant une maison sale et délabrée, dont les abords sont infectés par les ordures les plus dégoûtantes, et autour de laquelle on aperçoit çà et là des débris de vases confondus avec les ustensiles mal - propres d'une laiterie ! Image du désordre et de la misère, qui ne peut inspirer que du mépris pour les auteurs d'une négligence si condamnable. Quelques soins et un léger degré d'attention produisent la différence que nous remarquons ici.

Un petit jardin, ou un terrain planté d'arbustes, contribue beaucoup à la beauté et à la propreté d'une habitation ; d'ailleurs le jardin est mieux soigné lorsqu'il est situé sous les fenêtres du maître [1]. Non-seulement on éprouve

vrai, n'a pas puissamment contribué aux progrès de notre agriculture ; mais c'étoit la chose dont on s'inquiétoit le moins. *L.*

[1] Les Anglais ont, en général, la coutume de

un doux plaisir à soigner un jardin , mais par-
là on s'accoutume à prendre en aversion les
herbes et les broussailles inutiles , et on les
arrache dès qu'elles paroissent. Cette habitude
peut s'étendre sur la culture des champs, et
par conséquent lui devenir favorable.

La grandeur des fenêtres contribue aux agré-
mens d'une habitation rurale , sur-tout lorsqu'on a soin de placer les châssis très - près
des parties extérieures de la muraille. La méthode contraire , généralement pratiquée dans
le nord de l'Angleterre , produit un effet choquant. Les fenêtres y sont si petites , et les
châssis tellement enfoncés dans la partie intérieure du bâtiment , qu'il en résulte une grande

placer les jardins potagers derrière leurs habitations ,
ou dans un lieu à l'écart, de manière que la vue en
soit cachée. Ils justifient ce goût en disant que la régularité les choque. Ce genre de régularité ne présente cependant ni la monotonie, ni l'ennui des allées
et des compartimens qu'on forme et qu'on entretient à
si grands frais dans nos jardins de plaisance. La variété
des produits et une disposition du terrain bien enten-
due plaisent à la vue, loin de là choquer. D'ailleurs,
est-il une jouissance comparable à celle du cultivateur
qui voit à chaque instant du jour de nouveaux produits se former sous ses yeux, et satisfaire sans cesse
ses besoins renaissans? *L.*

obscurité dans l'intérieur, et un aspect triste au dehors. On pose, dit-on, les châssis de cette manière pour les préserver de l'humidité; mais on se méprend : car les châssis se gâtent plus promptement dans la partie intérieure que dans la partie extérieure des fenêtres exposées à l'humidité; et dans la première position, ils sont également exposés à l'humidité, sans pouvoir se sécher aussi promptement.

C'est une coutume ordinaire, et même une règle pour quelques personnes, de construire les bâtimens d'une ferme attenans à l'habitation. On peut adopter cette méthode lorsqu'on y est forcé par le local, ou bien dans une petite ferme, où l'on doit viser à une stricte économie : mais il est en général plus sage de construire isolément l'habitation, ou tout autre bâtiment avec cheminée, non-seulement pour se mettre à l'abri des dangers du feu, mais encore à raison des désagrémens, et peut-être de l'insalubrité occasionnée par les fumiers et par les émanations qui s'élèvent des étables. Si, pour conserver la régularité, on réunit la cour à la ferme, il sera nécessaire de construire une certaine étendue de muraille afin de joindre les bâtimens les uns aux autres. Il vaut cependant mieux placer l'habitation à une certaine distance des murs de la cour, d'autant que, sous le rapport des convenances, il importe peu que cette distance soit de 10 ou de 50 pieds ; néanmoins elle ne doit pas s'étendre au-delà de 50 ou de 60 aunes , car une position plus éloignée ne seroit pas sans inconvéniens.

On a eu égard principalement à quatre choses , en donnant , dans cet Ouvrage, des plans d'habitations rurales : à la simplicité , à la régularité, aux convenances et au bon marché. On ne peut offrir ici ce genre d'architecture et d'ornement, qui, dans les édifices somptueux, frappe si agréablement les yeux, surtout lorsqu'il a été conçu par un architecte habile. Ces décorations, qui ne conviennent pas aux habitations rurales, ont été omises dans les plans que nous traçons ici. Nous nous sommes cependant particulièrement attachés à la régularité ; et quoique nous ayons donné aux fenêtres proportionnellement plus de largeur que de hauteur, en nous écartant des règles communes de l'architecture, nous avons cru devoir adopter ces dimensions, afin de procurer aux appartemens le plus de clarté possible, raison principale pour laquelle on construit des fenêtres. Nous avons cependant, dans ce cas ainsi que dans les autres , cherché à nous conformer aux règles généralement suivies.

On préviendra l'humidité, et par conséquent l'insalubrité des habitations dont on se plaint si communément, en élevant le sol du rez-de-chaussée de 16 pouces au moins, ou de deux marches au-dessus du terrain, et en apportant certaines précautions dans la construction des planchers [1].

Quelques personnes préfèrent les couvertures dont le faîtage est soutenu à ses extrémités par un pignon, ainsi qu'il est représenté dans la *Planche III*. Quant à moi, je pense qu'on doit donner la préférence aux toits carrés, ainsi qu'aux tuyaux de cheminée construits dans l'intérieur des murailles. Les toits carrés ne demandent pas une plus grande quantité de matériaux, tandis que ceux qui sont terminés par un pignon, non-seulement occasionnent une dépense plus considérable, mais obligent encore de surcharger d'un poids inutile les murs des extrémités. Les tuyaux des cheminées, bâtis dans l'intérieur des maisons, sont moins sujets à fumer

[1] L'auteur renvoie ici à un Ouvrage intitulé : *Traité pratique sur les Améliorations en Agriculture,* qui doit être publié par le Bureau d'Agriculture de Londres, mais qui n'a pas encore paru. *L.*

que s'ils étoient placés à l'extérieur ; d'ailleurs ils font, dans ce premier cas , l'office de tuyaux de chaleur , en échauffant diverses parties de la maison.

On observera qu'on a donné, dans les plans, aux murs principaux une épaisseur de deux pieds , cette épaisseur ayant été jugée la plus convenable pour les murs construits en pierres irrégulières. Si les pierres sont d'une bonne qualité , et taillées convenablement, ou si l'on emploie la brique, on peut alors donner moins d'épaisseur aux murs ; mais si on les construit trop minces, la chaleur du soleil pendant l'été, et le froid de l'hiver, pénètrent dans l'intérieur des appartemens : c'est pourquoi il vaut mieux prendre le parti le plus sûr , et les faire plus épais. Les inconvéniens dont nous parlons se font sentir dans les constructions en brique, par la raison qu'on ne donne jamais assez d'épaisseur aux murailles.

On évitera une dépense superflue en bornant au nécessaire l'étendue des constructions rurales ; mais, dans tous les cas , les plans doivent être déterminés d'après les sommes qu'on se propose de dépenser [1].

[1] Un bon plan est quelquefois rejeté par la crainte que son exécution ne devienne trop dispendieuse. Ce-

On

On peut, dans quelques parties de l'Angleterre, construire, avec 70 ou 80 livres sterlings, une maison, d'après le plan et les dimensions représentés dans la *Planche I.* Elle peut, dans d'autres, coûter 150 livres et plus ; ce seroit par conséquent induire en erreur que de déterminer l'un ou l'autre de ces prix. Mais afin d'éviter tout mécompte, il sera prudent de ne point entreprendre de constructions, sans connoître le prix auquel elles doivent revenir. On doit donc commencer

pendant il est à propos d'observer que ce même plan pourroit souvent être exécuté, en réduisant à de moindres dimensions les divers bâtimens d'une ferme. Ainsi on peut à volonté changer les grandeurs des plans qu'on offre ici, et les proportionner à la dépense qu'on se propose de faire. C'est par cette raison que l'estimation des bâtimens est moins facile et moins importante qu'on ne se l'imagine communément. En effet, on trouveroit à peine deux comtés dans le royaume, où le même plan pût être construit aux mêmes frais. Il y a même des circonstances qui produisent une différence notable dans les frais. La distance, la qualité et le prix des matériaux, l'état des routes, la nature du sol sur lequel on construit, et par suite le genre de fondation qu'on emploie, le prix du travail, la saison et même l'état de l'atmosphère, sont autant de causes qui doivent faire varier les dépenses. Il est donc presqu'impossible de donner une estimation exacte, à moins de connoître et

C

par choisir un plan ; et si les bâtimens qu'on se propose d'élever ne sont pas d'une importance à ne pouvoir se passer d'architecte, on emploiera un homme habile et probe pour examiner le terrain, et on le chargera de s'informer, auprès des marchands et des ouvriers, à quel prix ils peuvent se charger des fournitures ou des travaux qui les concernent. On peut, de cette manière, obtenir une estimation assez exacte. On présentera, si on le juge plus convenable, son plan à différens ouvriers, en leur demandant une estimation ; après quoi on examinera non-seulement les prix de chacun, mais encore la manière dont ils doivent exécuter le travail ; car on ne doit pas toujours préférer ce qui coûte le moins. Si dans l'un ou l'autre cas la somme s'élevoit au-delà

d'examiner le lieu dans lequel on se propose de construire. Aussi vaut-il mieux ne pas faire d'estimation, que d'en donner une inexacte.

Quelques personnes font des estimations sans avoir égard aux circonstances qui doivent déterminer les prix, bien persuadées que la somme qu'elles auront déterminée étant dépensée, le propriétaire n'en continuera pas moins la construction de ses bâtimens. Il est à propos de se tenir sur ses gardes, lorsqu'on traite avec cette sorte de gens, excepté le cas où ils s'engageroient à construire pour la somme fixée.

de celle qu'on veut employer , on pourra changer les dimensions du plan , ainsi que la construction de quelques - unes de ses parties ; et
ces changemens se feront en raison des sommes
à dépenser.

SECTION III.

GRANGES.

Dans presque toute l'Angleterre, l'étendue des granges, et par conséquent les frais de construction sont en général excessifs. Quelques personnes jugent que ces vastes bâtimens sont utiles pour serrer le bled en gerbe. On tient tellement à cette méthode en plusieurs lieux, qu'il ne sera pas hors de propos d'examiner ici les motifs qui l'ont fait adopter.

1°. On prétend qu'il en coûte moins pour serrer le blé dans une grange, que pour l'entasser en meule; 2°. qu'il se conserve mieux, qu'on évite les frais de couverture; 3°. qu'il est plus à portée lorsqu'il s'agit de le battre.

La première de ces raisons est illusoire; car on doit apporter plus de soins et faire plus de dépense, lorsqu'il s'agit de presser avec force dans les granges les gerbes les unes contre les autres, ainsi que cela se pra-

tique généralement lorsqu'on veut en écarter
les animaux, et entasser une plus grande quantité de blé. En effet, les distances à parcou-
rir dans une vaste grange pour le transport
des gerbes, et le nombre de bras qu'exige ce
transport, occasionnent plus de travail et une
perte de temps plus considérable que si l'on
disposoit le blé en meule. La seconde raison
semble avoir peu de fondement. En effet,
quoiqu'un travail soigné mérite des éloges,
cependant il est inutile d'employer un si long
temps et une si grande quantité de chaume
pour couvrir les meules, ainsi qu'on le fait
en plusieurs endroits. Il suffit qu'elles soient
à l'abri de la pluie et des coups de vent. Il est
absurde d'employer le même temps et de
faire la même dépense pour la couverture
d'une meule qui doit seulement exister quelques semaines, que pour celle d'un bâtiment
à demeure. Cette méthode est contraire à l'é-
conomie d'un temps précieux, sur-tout durant la moisson, où les travaux ne sont que
trop multipliés; car chaque fermier devroit,
particulièrement à cette époque, se faire une règle de ne jamais perdre un moment, de mettre
à profit le temps présent, et d'éviter tout délai;
il doit songer que le retard d'une heure ou d'un

jour, qui souvent paroît indifférent, peut cependant mettre obstacle à l'exécution de ses
travaux. D'après ce principe, fondé sur la raison et sur la prudence, on doit rassembler le
blé en meules aussitôt qu'il est prêt ; on gagne
ainsi du temps, les gerbes étant plus promptement disposées à être mises en meule qu'à être
entassées dans une grange [1].

Une meule ne doit pas avoir plus de 10 à 12
pieds de diamètre ; cependant la majeure partie des granges ont 20 à 24 pieds de large. Il
ne faut donc pas s'étonner si le blé, ainsi entassé, contracte un goût de moisissure. Cet
inconvénient ne peut avoir lieu en faisant
usage de la méthode que nous proposons ; car
il est évident que plus l'air extérieur a d'accès
vers le centre du tas de paille ou de foin,
moins il est à craindre que le tas ne se gâte ;
et plus ce tas est petit, plus il est facile de le
construire promptement. Les fermiers même
sentent tellement la nécessité de l'air, qu'ils
ont grand soin de faire construire un certain
nombre d'ouvertures à leurs granges. Pour-

[1] Pour concevoir l'opinion énoncée dans le texte,
on doit supposer que le blé mis en meule ne demande
pas à être aussi sec que celui qu'on enferme dans une
grange. L.

quoi donc agissent-ils contre leur propre conviction et contre le sens commun, en entassant leur récolte dans un bâtiment, lorsqu'il leur est si facile de la conserver en plein air; et pourquoi la foulent-ils de manière à empêcher l'accès de l'air, tandis que, par une méthode contraire, ils le favorisent en pratiquant un certain nombre d'ouvertures?

Comme il est très-important pour un fermier de mettre promptement sa récolte à l'abri, nous indiquons ici (voyez *Planche V, fig. 1*) une méthode aisée et sûre, qui permet de serrer la récolte aussitôt qu'elle est coupée. Elle consiste à former des tas oblongs et arrondis à leurs extrémités. La largeur de ces tas doit être proportionnée à la longueur de la paille. Il faut donc lui donner 5 ou 6 pieds, et jamais plus de 8; de manière que les gerbes puissent s'arranger en opposition les unes aux autres, se lier et se soutenir mutuellement. La longueur de ces tas est arbitraire, et se règle d'après les convenances. Voici les avantages de cette méthode : 1°. On abrite plus facilement et plus promptement la récolte qu'on ne peut le faire en construisant de grandes meules circulaires. 2°. Les solives qui doivent supporter ces tas, sont moins chères, et on les place avec plus de facilité. 3°. Il en coûte moins, à une capacité égale, pour couvrir ces tas, qu'il n'en coûte pour couvrir ceux de forme circulaire. 4°. Ils peuvent être finis et couverts à l'une de leurs extrémités, sans que l'autre extrémité soit achevée. 5°. Lorsqu'on veut battre le blé, il suffit d'en prendre la quantité nécessaire à l'une des extrémités, laquelle peut être préservée de la pluie par le moyen d'une toile goudronnée, ou d'un toit léger, construit d'après les mêmes principes que celui de la grange mobile du roi à Windsor. Les tas construits ainsi que nous l'indiquons, ou même d'après les méthodes ordinaires, sont certainement préférables aux granges, et coûtent moins que s'ils étoient élevés sous des bâtimens.

La valeur de la paille employée à la construction des toits, ne sauroit être considérée; car cette paille ne perd aucune des qualités qui la rendent propre à la litière des bestiaux, et elle peut également servir après la destruction des tas.

Si un fermier n'a pas assez de paille pour couvrir ses tas, il lui sera facile de se procurer, dans l'espace d'une demi-heure ou d'une heure, par le moyen de la machine à battre, la quantité dont il peut avoir besoin. C'est un nouvel avantage qu'offre cette machine, surtout lorsqu'elle est bien construite ; car, quoique la paille ainsi battue soit un peu froissée, cependant elle n'est pas brisée au point qu'elle ne puisse servir pour la couverture des tas. On peut même faire servir au même usage la paille d'orge ou d'avoine, ainsi que l'expérience de plusieurs agriculteurs le démontre.

La troisième raison alléguée en faveur des granges est si fortement combattue par les avantages dont nous venons de parler, qu'il est superflu de s'étendre plus au long sur cette matière. Il est cependant à propos de faire observer qu'un fermier qui entend ses vrais intérêts, et qui connoît le prix du temps, abandonnera l'usage du fléau lorsqu'il pourra construire une machine à battre. Dans ce cas, il trouvera un nouvel avantage à faire élever des meules.

Le point le plus important pour un fermier est non-seulement de préserver sa récolte des animaux destructeurs, mais aussi de la garantir de la pluie et de l'humidité, et par conséquent de la corruption. On doit donc convenir qu'après

avoir formé un bon abri, il sera indispensable
de donner un libre accès à l'air extérieur [1].

Ayant parcouru dernièrement une grande
partie de l'Angleterre, j'ai eu de fréquentes
occasions d'examiner l'état du blé en paille
entassé dans des granges spacieuses, et j'ai
reconnu que ces magasins étoient presque toujours atteints d'une forte moisissure. Ils se trou-
voient, de plus, infectés d'une telle quantité
de rats et de souris, qu'il seroit difficile d'apprécier les dommages causés par ces animaux;
cependant les fermiers, considérant ces accidens comme inévitables, ne prenoient aucun
moyen pour s'en garantir [2].

[1] On sait que le grain en paille, de quelqu'espèce
qu'il soit, jette de l'humidité, quoiqu'il ait été entassé
après une dessiccation complète. Cet effet a lieu d'une
manière plus ou moins sensible, selon l'état de l'atmosphère au moment où le blé a été serré. D'après ce
fait, qui doit être connu de tous les fermiers, il est évident qu'on ne peut, sans un libre accès de l'air, réta-
blir la masse du blé dans sa première sécheresse, et la
préserver d'une moisissure non moins préjudiciable au
blé qu'à la paille.

[2] L'indifférence des cultivateurs pour leurs intérêts
a de quoi nous étonner. Ils souffrent les ravages de ces
animaux, sans tenter aucun moyen pour les prévenir.
Il devroit y avoir, dans chaque comté et dans chaque

Le blé en gerbe ne pouvant se conserver aussi facilement dans une grange que lorsqu'il est entassé convenablement en plein air, ainsi que nous venons de le démontrer, il y a lieu d'espérer que cette méthode sera plus généralement adoptée par les fermiers. Non-seulement ils accroîtront par-là leurs bénéfices, mais les bâtimens devenant moins dispendieux par la destruction de ces vastes granges, les propriétaires n'hésiteront pas, lorsqu'il en sera besoin, à faire élever de nouvelles construc-

paroisse, une association pour la destruction des animaux nuisibles, telle qu'elle a eu lieu en Angleterre, dans le comté d'Eest-Lothian, pour la destruction des corbeaux. On a tué annuellement, pendant les six premières années, 7 à 10 mille corbeaux : il en coûtoit 38 schellings par mille têtes. En n'évaluant qu'à un sou le dommage fait chaque année par un corbeau, le dommage causé par mille corbeaux équivaudra à 4 guinées environ. Les dégâts causés par les rats et les souris sont bien plus fâcheux; car on doit considérer qu'ils détruisent les sacs, les harnois, etc. et que le nettoiement des grains infectés de leurs ordures occasionne de la dépense.

Si les associations de ce genre étoient générales, si l'on accordoit des primes pour la destruction des rats, on verroit bientôt disparoître ces animaux dévastateurs; et la nation profiteroit d'une grande quantité de blé qui se perd annuellement.

tions rurales plus commodes. Lorsqu'on bat le blé au fléau, il faut apporter un soin particulier dans la construction de l'aire ; on peut lui donner une grande solidité, en se servant de différentes méthodes connues. On retireroit un grand avantage, durant la saison humide, des aires à sécher le blé, sous lesquelles on conduit des tuyaux de chaleur. Ces matières seront expliquées plus au long dans un autre Ouvrage. (Voyez *Traité pratique sur les Perfectionnemens qui peuvent être faits en Agriculture.*)

Quoique la méthode de serrer le blé dans les granges soit non-seulement inutile, mais même préjudiciable, cependant, comme plusieurs personnes tiennent encore à cet usage, on va donner des plans de constructions destinées à recevoir le blé. Les granges dans lesquelles on veut placer une machine à battre, diffèrent des granges ordinaires en ce que les premières sont moins larges et ont des greniers. Lorsqu'on a une grange déjà bâtie, il sera facile, si on le juge à propos, d'y construire une machine à battre.

SECTION IV.

MAGASINS A BLÉ.

Lᴇs limites et le but qu'on s'est prescrits, ne permettent pas de donner une description particulière des différens magasins à blé construits dans le royaume, et d'indiquer les différentes méthodes employées pour la conservation du grain.

La nécessité de conserver les grains se fait peut-être moins sentir dans ce pays que partout ailleurs ; ainsi il est moins nécessaire de rechercher les moyens qui peuvent être employés pour conserver le blé pendant un certain nombre d'années [1].

[1] On dit que, dans quelques contrées, particulièrement en Afrique, en Russie, en Pologne, en Suisse, etc. on fait des frais considérables, et on forme avec beaucoup de soin des magasins de blé réservés pour les années de disette. On taille en quelques endroits de grandes fosses dans le roc, dont l'ouverture n'a de diamètre que ce qu'il en faut pour qu'un homme y puisse entrer. On y dépose le grain, et l'on empêche l'accès de l'air par le moyen d'un couvercle hermétiquement scellé, sur lequel on jette un monceau de terre qu'on bat avec

Les fermiers et les marchands de grains savent quels soins et quelle attention sont né-

soin, afin d'écarter l'eau des pluies. Nous sommes informés que le blé bien sec qu'on jette dans ces fosses à l'abri de l'humidité, se conserve un grand nombre d'années *.

On construit ailleurs de vastes greniers où l'air cir-

* J'ai vu en Sicile les fosses dont parlé ici l'auteur. On s'y sert encore aujourd'hui de celles qui ont été construites par les anciens habitans de cette île. Les Romains les nommoient *Cyri*, Je les ai examinées, et j'ai remarqué qu'elles étoient intérieurement presqu'aussi humides que nos caves. Cette humidité ne nuit pas à la conservation du blé. Il se forme cependant, m'a-t-on dit, sur la superficie de la masse, une couche d'un pouce d'épaisseur, dans laquelle le blé est corrompu. On prévient cette corruption en formant une couche de paille entre le blé et les parois de la fosse.

L'interruption de l'air atmosphérique me paroît être le moyen de conservation le plus puissant et le plus facile. Il y a environ 5o ans qu'on a trouvé à Metz, en creusant la terre, du blé parfaitement conservé, et qui cependant avoit été enfoui 200 ans avant cette époque, lorsque Charles V faisoit le siége de cette ville.

J'ai appris en Suède qu'on avoit trouvé dans ce pays, au milieu des bois, et loin de toute habitation, des meules de blé dont le grain n'avoit subi aucune altération, quoiqu'il y eût été probablement déposé depuis plusieurs siècles. Ce qui donne lieu à cette conjecture, c'est que le pays où ces meules avoient été trouvées étoit couvert de bois très-âgés, et dépourvu de toute habitation depuis un grand nombre d'années.

J'ai conservé, pendant plusieurs années, des pommes de terre que j'avois enfouies dans un creux de quatre ou cinq pieds de profondeur. Je ne doute pas que, par ce moyen, on ne pût conserver toute espèce de grains et de racines. *L.*

cessaires pour bien conserver le blé , même après qu'il a été déposé dans les greniers , et quelle étendue de plancher on doit avoir pour en conserver une quantité considérable.

Un membre de la société pour l'encouragement des arts , manufactures et commerce , recommande au docteur Templeman un grenier d'une invention nouvelle , afin de diminuer le travail du remuage des grains , et la dépense des constructions ordinaires. Voici la description qu'il en donne :

Le grenier que je recommande doit avoir sept étages, et peut-être construit sur telles

cule librement, et où l'on remue fréquemment le blé.

Quelques auteurs n'approuvent pas l'introduction de l'air extérieur, parce que, disent-ils, l'air apporte les œufs des insectes destructeurs du blé, et que l'humidité s'introduit par le grand nombre de fenêtres et de portes construites dans ces bâtimens.

Cependant on donne pour certain que le blé s'est conservé plus de quatre-vingts ans dans les greniers de Zurich en Suisse, greniers bien aérés par le moyen d'un grand nombre d'ouvertures carrées, pratiquées dans les planchers.

M. Duhamel, qui s'est servi de ventilateurs pour conserver le blé, et qui cite les expériences qu'il a tentées à ce sujet, nous apprend qu'il a réussi même dans quelques cas où le grain avoit contracté une grande humidité.

dimensions qu'on jugera convenables, pourvu qu'on observe les proportions. Il est d'une forme carrée qu'on suppose de 14 pieds intérieurement. La distance d'un plancher à l'autre est de 5 pieds. Tout le bâtiment doit porter sur de forts poteaux, plus ou moins nombreux selon les dimensions, élevés de 6 pieds au-dessus du terrain. Le petit escalier, ou plutôt l'échelle qui conduit aux différentes pièces, doit être assujettie à l'extérieur, et sur les côtés du bâtiment, avec une chaîne ou une corde mobile, afin d'en prévenir la chute. La carcasse du bâtiment est construite en fortes solives, et l'on remplit avec des pots de terre cuite (*brick noggin*) les interstices qu'elles laissent entr'elles. Les planchers, les poutres et les solives doivent avoir une grande force, afin d'être en état de supporter le poids du grain. L'intérieur des pièces doit être revêtu de planches de chêne sèches et bien jointes ensemble ; l'extérieur est revêtu de planches solidement clouées sur les pièces de bois qui forment le bâtiment, et couvert d'une couche de goudron. Les planchers doivent être construits de manière à former une inclinaison vers leur centre, où l'on pratique une ouverture de 6 pouces en carré, qu'on peut ouvrir

ou

ou fermer à volonté, par le moyen d'une trappe qui se meut dans une coulisse, et à laquelle est attaché un long manche, dont l'extrémité passe au dehors par un trou ménagé dans la muraille du grenier.

Il doit y avoir sur les trois faces une fenêtre garnie d'un treillage en fil-de-fer, afin que les gros insectes et les oiseaux ne puissent entrer, et de volets qui garantissent le blé de l'intempérie des saisons. On construit sur la quatrième face une porte à chaque étage. Les fenêtres doivent être petites et très-rapprochées du plancher supérieur.

On établit au dehors de la porte qui donne dans la chambre la plus élevée, une grue qu'on fait mouvoir de l'intérieur de cette chambre, par le moyen d'un treuil. Les fenêtres procurent la libre circulation de l'air et du vent: lorsque les pièces sont vides, les ouvriers peuvent facilement balayer et jeter les ordures par la fenêtre. Voici la manière de soigner le blé dans ces magasins :

Après avoir nettoyé le blé, on le met dans des sacs qu'on enlève jusqu'à la pièce supérieure, et qu'on vide par l'ouverture du plancher. Ces ouvertures, excepté les deux inférieures, étant dégagées de leur trappe, le blé tombe dans la pénultième pièce. Lorsque celle-ci est remplie à la hauteur d'environ deux pieds, ce qu'on aperçoit facilement en regardant par la porte, on ferme l'ouverture supérieure. On remplit ainsi successivement toutes les pièces, si l'on a une suffisante quantité de blé, excepté la plus élevée qu'on laisse vide. On tient le blé dans cet état pendant une semaine, ou même plus long-temps, s'il étoit bien sec lorsqu'on l'a déposé.

Pour nettoyer le blé, on commence par balayer avec soin la chambre inférieure; on en ferme la porte, et on ouvre le trou supérieur, afin que le blé puisse tomber dans cette chambre. Lorsque la pièce supérieure est vide, on la balaye après avoir fermé son ouverture inférieure, et on ouvre celle qui est au-dessus pour donner passage au blé. On continue ainsi jusqu'à ce que les pièces supérieures soient vidées. On ouvre toutes les fenêtres pendant cette opération, de sorte que le blé se trouve bien aéré lorsqu'elle est finie.

Une semaine environ s'étant écoulée, on nettoie de nouveau le blé par le procédé que nous allons indiquer. On fixe sous l'ouverture de la pièce la plus basse, une toile à l'extrémité de laquelle on adapte une gouttière; la

partie supérieure du sac est fixée à cette gouttière, et sa partie inférieure repose sur une
civière : alors on ouvre la coulisse, le grain
tombe sur la toile, et de là est conduit dans
le sac. Lorsque le sac est rempli, on ferme la
coulisse jusqu'à ce qu'on ait placé une autre civière, et attaché un nouveau sac sous la gouttière. Un ouvrier emporte le sac hors du magasin ; il l'attache à la corde de la poulie, et
un second ouvrier hisse ce sac dans la pièce la
plus élevée. On continue ainsi, et on vide la
partie inférieure du magasin. Il est nécessaire,
dans cette opération, de vanner le blé. On
place, à cet effet, dans la pièce qui doit être
remplie, au-dessous de l'ouverture supérieure,
un van auquel est adaptée une boîte propre
à recevoir la poussière et les graines qui passent à travers les treillages. On place successivement le van au-dessous de chaque ouverture, à mesure que l'on vide les pièces.
Lorsqu'il se sera écoulé un mois après les premières opérations, il suffira de les répéter une
fois tous les quinze jours, et une fois par
mois seulement après les six premiers mois,
à moins que durant l'automne le temps ne
fût très-chaud et très-humide.

Voici les avantages qu'offrent les magasins

dont nous venons de parler : ils sont construits à peu de frais; ils contiennent une grande quantité de grains dans un petit espace ; le blé est facilement remué et aéré, sans avoir besoin d'employer la pelle, procédé long et ennuyeux. L'inventeur de ce genre de construction n'indique pas l'inclinaison qu'il donne aux planchers vers le centre. Il faut qu'elle soit considérable dans la supposition où le grain devroit s'écouler par son propre poids : mais une pente médiocre suffit, si l'on emploie des ouvriers pour pousser le grain vers le centre.

Le plan d'un magasin à blé (*Pl. XII*) est peut-être préférable à celui que nous venons de décrire, non-seulement à cause du bon marché, mais encore à cause de sa simplicité, et de la facilité à nettoyer la masse du grain, et à faire circuler l'air dans toutes ses parties, quelque considérable qu'en soit la quantité : enfin un seul plancher suffit pour la plus grande élévation du bâtiment.

J'ai levé ce plan d'après un magasin qui a été construit par un propriétaire intelligent du Cheshire, et qui a répondu complètement au but qu'on se proposoit.

SECTION V.

ÉCURIES.

QUOIQU'IL soit inutile de construire les écuries d'une ferme avec autant de magnificence que celles destinées aux chevaux de chasse ou de luxe , les chevaux de travail ont cependant des droits à une habitation commode.

Les fermiers en général négligent trop le logement de leurs chevaux ; ils semblent croire que la plus mauvaise cabane leur suffit.

S'ils considéroient leur propre situation , ils sentiroient combien il est doux , après les fatigues et les travaux du jour , de trouver une chambre saine et un lit commode pour reposer durant la nuit ; ils deviendroient sans doute compatissans envers le plus généreux et le plus utile des animaux , celui qui partage leurs travaux , et qui leur procure une partie de leurs jouissances. Jaloux d'obéir à un maître souvent ingrat , le cheval exécute avec courage les ordres impérieux qui lui sont dictés : à la fin du jour , fatigué , et peut-être sans force, ce fidèle et précieux serviteur est mis avec inhumanité dans une misérable étable, où il ne peut se coucher pour prendre un léger repos, ni se tenir debout pour manger sa foible pitance, sans être saisi par l'humidité, et sans être couvert d'ordure [1]. Si un fermier considère qu'un cheval, après avoir bien reposé la nuit, travaille avec plus d'ardeur et plus de force, il sentira qu'il est de son intérêt de bien soigner ses chevaux. Des animaux soignés et bien nourris travailleront au moins une heure de plus par jour ; l'avantage est donc bien marqué, puisqu'on obtiendra dans ce cas un huitième de travail en sus.

Rien ne contribue davantage à la santé des

[1] Cette manière d'agir est aussi contraire aux principes d'humanité que nous devons avoir, même pour les animaux, que préjudiciable à nos propres intérêts. Elle est peu commune en Angleterre, tandis que parmi nous c'est un usage presque général. J'ai remarqué que plus un peuple est libre, mieux il traite les animaux. Il semble que des hommes asservis et méprisés cherchent à se venger des vexations qu'ils éprouvent, en tourmentant les êtres qui leur sont soumis. Les Anglais ont une ancienne loi qui punit les personnes qui maltraitent les animaux. Cette loi ne seroit pas déplacée dans notre code. L.

chevaux, qu'une écurie sèche et bien aérée,
construite de manière à préserver du froid
en hiver, et de la chaleur en été, enfin avec
des égoûts pour l'écoulement de l'urine et des
ordures.

Des hommes qui ont apporté tous leurs
soins à l'éducation des chevaux, nous ont appris que le cheval est, de tous les animaux,
celui auquel la propreté convient davantage,
et qui a une plus grande répugnance pour les
mauvaises odeurs? Cependant quoi de plus
fréquent que de trouver des écuries, bâties
même à grands frais, si mal aérées et tellement infectées de miasmes, que nous pouvons
à peine respirer en y entrant ! Les vapeurs
mal-saines qui s'élèvent du fumier, ne sont-
elles pas plus insupportables et plus nuisibles
aux chevaux, doués d'un odorat si sensible ?
Mais comme si la délicatesse du chéval n'étoit
pas suffisamment affectée par ce genre de
mal-propreté, on introduit souvent dans les
écuries un bouc, animal dont les émanations
semblent être un composé d'odeurs les plus
rebutantes. Quelques personnes sont assez
simples pour croire que cette odeur est saine,
et qu'elle prévient les maladies des chevaux [1].

[1] Cette opinion ridicule règne en général dans toute

Quant à moi, je ne puis me persuader qu'il
y ait des odeurs ou des émanations aussi sa-
lubres et aussi agréables aux animaux, que
l'air pur de l'atmosphère. C'est pourquoi on
ne sauroit trop recommander de bien aérer
les écuries, sur-tout à la partie supérieure ;
car l'air putride et mal-sain qui tend à s'élever, se renouvelle plus facilement dans cette
partie que dans les autres [1].

l'Europe. On remarque que les préjugés universellement répandus ont une origine commune. Nous re-
trouvons dans les auteurs anciens plusieurs de ces préjugés populaires qui ont été transmis aux peuples modernes. Cette observation est principalement confirmée
par la lecture de Pline le naturaliste. Cet auteur étoit
presque le seul qui, dans des siècles de barbarie, fût lu
par ceux qui cherchoient à étudier la nature. Ces lec-
teurs adoptoient sans examen les contes ridicules que
Pline débite souvent, et les propageoient parmi un peuple ignorant, toujours avide du merveilleux. Je n'ai
trouvé chez les anciens aucune trace du préjugé dont
parle l'auteur anglais. Il est probable que l'opinion
judaïco-chrétienne qui chargeoit un bouc de toutes
les iniquités d'un peuple, aura fait imaginer que cet
animal maudit devoit pareillement attirer sur lui les
miasmes infects des étables. *L.*

[1] Les fenêtres ne doivent pas être trop multipliées
dans les étables ; leur nombre et leurs dimensions

Comme les écuries sont ordinairement jointes aux autres bâtimens de la ferme, ainsi qu'il est convenable, nous croyons inutile d'en tracer ici séparément les plans ou les élévations, et d'en indiquer la situation. On donnera des instructions à ce sujet, en parlant de l'ordre que l'on doit en général observer dans les constructions rurales. Il suffira de présenter ici les observations suivantes, relatives à quelques méthodes particulières de construction.

On a coutume de poser les râteliers et les mangeoires sur la longueur des écuries, en inclinant le râtelier vers la mangeoire, ainsi

seront proportionnés à l'étendue du bâtiment. Elles doivent être construites de manière à pouvoir les ouvrir ou les fermer à volonté, à donner accès à l'air, ou à intercepter la lumière : car il est souvent convenable de laisser prendre, durant le jour, un léger sommeil aux chevaux. Dans les étables d'une ferme, où les châssis et les vitraux entraîneroient dans une trop grande dépense, on pourra construire les fenêtres d'après la méthode indiquée *Planche XIII, fig.* 1 et 2. *A* représente la fenêtre vue de face, avec son volet qui ferme exactement, et qui est fixé à son milieu par deux pignons de fer *b b*, sur lesquels il se meut; *B* est une vue de profil qui indique le volet *c d* à demi-ouvert.

qu'on le voit dans la *Pl. XIII, fig.* 3 : *a b* représente le râtelier, et *c* la mangeoire. Cette
méthode la plus générale, et la plus mauvaise de toutes celles qui sont suivies, n'est
cependant pas la moins dispendieuse.

La plupart des domestiques, pour éviter
la peine, ont coutume de remplir de foin
les râteliers, quelle que soit leur grandeur.
Les personnes habituées à soigner les chevaux, savent combien cette méthode est pernicieuse : il vaut mieux leur donner souvent
à manger, mais peu à la fois, que de mettre
à leur portée une certaine quantité de nourriture qui, prise immodérément, nuit toujours à leur santé. On perd d'ailleurs, avec
ces sortes de râteliers, une grande quantité
de fourrage qui tombe sous les pieds des chevaux, ainsi que la graine du foin, dont la
conservation ne doit pas être indifférente. Cet
objet qui paroît minutieux, mérite cependant
l'attention d'un cultivateur soigneux [1].

[1] L'art de savoir profiter de toutes choses dans l'exploitation d'un bien de campagne, est presqu'inconnu
en France. Il n'est aucun peuple aussi soigneux et aussi
intelligent sous ces rapports, que les Chinois. L'état
florissant de leur agriculture est principalement dû à
cette économie sévère, qui étend par-tout ses regards et
ne néglige aucun profit. *L.*

(59)

Lorsqu'on donne de l'inclinaison aux râteliers, la semence des plantes tombe dans les yeux et dans les oreilles des chevaux, ce qui leur occasionne souvent de fâcheux accidens.

Il est donc avantageux de placer les râteliers dans une situation verticale, à une distance de la muraille d'environ quatorze pouces, ainsi qu'on le voit dans la *Planche XIII*, *fig.* 4, où *A B* représente les barreaux du râtelier. La partie inférieure du râtelier *A C* est fermée par de semblables barreaux, qui laissent à la graine un libre passage en *D*, d'où on la retire en ouvrant le volet *E*, *fig.* 5.

On construit aussi des râteliers, en laissant dans le mur une niche, et on fixe les barreaux en avant, d'un côté de la niche à l'autre. Cette niche qui forme le râtelier, et qu'on suppose construite dans le milieu de l'écurie, a environ deux pieds et demi de large. Elle doit être assez basse pour recevoir dans sa partie inférieure une boîte où tombe la graine de foin.

On pose quelquefois ces râteliers dans le coin d'une stalle [1], de sorte qu'une niche sert

[1] On nomme *stalle* l'emplacement formé par les divisions qui, dans une écurie, séparent les chevaux. *L.*

pour deux stalles, comme on l'indique dans la *fig*. 6. Quelquefois aussi ils sont de forme circulaire sans niche, et placés également dans les angles. (Voyez *fig*. 7.)

Dans l'un et l'autre cas, il doit y avoir une division pour séparer le fourrage, ainsi qu'on voit en *A B C*, *fig*. 6, 7 *et* 8 ; car il convient que le fermier connoisse la quantité de nourriture que prend chaque cheval, ce qu'il ne peut savoir lorsque deux animaux mangent au même râtelier.

Lorsque ces râteliers sont placés dans les coins des stalles, il vaut mieux, à mon avis, les construire en ligne droite, que de leur donner une forme circulaire. (Voyez les *fig*. 6 *et* 8.)

On peut pratiquer au-dessus de chaque râtelier une trappe par laquelle on jette le foin ; ou bien il suffira d'en avoir une seule placée dans l'endroit le plus convenable de l'écurie, au-dessous de laquelle on formera, pour recevoir la graine du foin, un espace entouré de bois et surmonté d'une grille. Il convient peut-être mieux aux fermiers d'avoir une trappe pour chaque stalle ; par cette disposition on économise le temps destiné à donner la nourriture aux chevaux.

Il est inutile de donner aux mangeoires une longueur égale à la largeur des stalles. Un tiroir ou une boîte de dix-huit pouces de long sur douze de large, est très-propre à servir de mangeoire. Elle doit être mobile, afin qu'on puisse la nettoyer; car un grand inconvénient des mangeoires stables, c'est la difficulté de les bien nettoyer, et d'enlever les ordures qui tombent de la bouche du cheval, ou de ses naseaux lorsqu'il est enrhumé, ou qu'il est affecté par d'autres genres de maladies.

Il est des étables dans lesquelles on ne place ni râteliers, ni mangeoires. La partie de la stalle vers laquelle le cheval est tourné, doit être garnie de planches environ à la hauteur de trois pieds, et à deux pieds de distance du mur. Le foin est placé dans cet intervalle, de sorte que le cheval, au lieu de le tirer de la partie supérieure, le prend dans le bas, ce qui est certainement plus naturel. Il se perd de cette manière moins de foin; car un cheval tire rarement le foin du râtelier sans en laisser tomber quelques brins qui toujours sont perdus. Mais lorsque le foin est pris du bas, tout ce qui échappe de la bouche du cheval retombe avec le reste, et par consé-

quent rien n'est perdu. Il seroit à propos d'é-
tablir un treillage élevé de six ou huit pouces
du sol, sous lequel on placeroit un tiroir ou
une boîte destinée à recevoir la graine du foin.
On attacheroit deux anneaux à cette boîte,
afin de pouvoir la retirer facilement. Une
construction plus avantageuse seroit celle représentée dans la *Pl. XIV*, *fig.* 1, ayant la
forme d'une trémie, dont le fond en treillis
n'a que quatorze pouces de largeur : il est
posé au-dessus d'une boîte propre à recevoir
la graine de foin.

On placera, ainsi que nous l'avons dit,
dans l'angle de la stalle une petite boîte pour
recevoir le grain qu'on donne aux chevaux ;
et dans le cas où la stalle seroit double, on
placera une boîte dans chaque coin, comme
on le voit dans la *fig.* 1. La ligne ponctuée
indique la division qui doit séparer le fourrage. Les stalles à un seul cheval sont en
général préférables.

Voyons maintenant comment doivent être
pavées les stalles. Je pense que le sol des
écuries doit être aussi horizontal que possible ; la méthode contraire ne sauroit être
avantageuse que parce qu'elle favoriseroit
l'écoulement des urines. J'espère prouver

qu'en faisant un pavé horizontal, les écuries seront moins sujettes à l'humidité.

Il est si important de conserver sains les pieds des chevaux, qu'un propriétaire ne sauroit prendre trop de soins pour les préserver de tout accident ou maladie; et pour les tenir en bon état; car la moindre lésion dans cette partie peut souvent rendre le cheval incapable de travail, et même le mettre hors de service.

Rien n'affecte davantage les pieds d'un cheval, que de tenir sans cesse cet animal sur un plan incliné. Cette position occasionne non-seulement des gonflemens et des gerçures, etc. mais elle tient encore dans un état habituel de tension les tendons et les nerfs qui aboutissent au paturon, et elle produit ainsi dans les jointures une roideur qui s'oppose au libre usage de ces parties. D'ailleurs un cheval ne repose pas aussi bien sur un plan incliné que sur un plan horizontal.

Il est des écrivains qui recommandent de planchéier la place occupée par les chevaux, et de percer les planches, afin de donner un écoulement aux urines. Je ne puis tout-à-fait approuver cette méthode, non-seulement à cause de l'accroissement de dépense qu'elle occasionne, car les planches dont on se sert doivent avoir une grande force, mais encore à cause de la difficulté, ou même de l'impossibilité de nettoyer le dessous du plancher ; car l'urine qui y séjourneroit, malgré l'inclinaison du sol, répandroit promptement une odeur préjudiciable à la santé des animaux.

Voici la méthode que je recommanderois. Je suppose que $ABCD$ (*Pl. XIV*, *fig.* 2) représente le sol occupé par une stalle ; AB est la partie vers laquelle on attache le cheval. On pave horizontalement de A en D, et de B en C, en ménageant au milieu une petite gouttière $EFGH$, d'environ trois pieds, qui aboutit à la partie DC. Cette gouttière est large, d'un bord à l'autre, d'environ sept ou huit pouces, et forme un angle vers sa base, ainsi qu'on le voit dans la Section, *fig.* 3. La gouttière n'a à sa partie supérieure GH, que trois pouces environ de profondeur. On lui donne la pente nécessaire, pour que les urines puissent s'écouler vers un canal principal O, désigné dans la Section, *fig.* 4, et dans lequel viennent se rendre toutes les ordures de l'étable.

Chaque gouttière doit être couverte par
une

une planche de deux pouces de large, per-
cée d'un grand nombre de trous. Les planches
sont fixées, dans la partie supérieure *G H*,
avec des gonds ou des charnières sur lesquels
elles peuvent se mouvoir, lorsqu'on veut
découvrir et nettoyer la gouttière.

Le canal principal peut être creusé à la
partie *D* de la stalle, ou à toute autre place
propre à faciliter l'écoulement des urines dans
un réservoir. Si on le creuse près des stalles,
ce sera à la distance de deux pieds au moins :
sans cette précaution, l'urine des jumens dé-
passeroit ce canal, et ne pourroit s'y rendre
facilement, à moins qu'on n'eût donné une
certaine inclinaison au pavé. Dans tous les
cas, le canal qui ne doit avoir que six ou sept
pouces de large d'un bord à l'autre, sera couvert par des planches percées d'un grand
nombre de trous.

On peut former, à la place du canal principal, une rigole ouverte et peu profonde,
ainsi qu'on le pratique ordinairement. Alors
on ménage dans cette rigole des trous qui vont
aboutir à l'extrémité la plus basse de la gouttière. Ces trous sont couverts de petites grilles
en fer ; et on les tient moins élevés que les

autres parties de la rigole, afin que les eaux puissent s'y écouler facilement.

Il est bon d'observer que le sol des stalles, au lieu d'être parfaitement horizontal, doit avoir une inclinaison, vers la gouttière, d'un pouce ou d'un pouce et demi. Cette pente sera insensible, et elle empêchera l'urine de s'épancher sur les côtés, si elle ne tomboit pas immédiatement dans la gouttière.

Voici les avantages de ces sortes de stalles. 1°. On tient habituellement les chevaux sur un plan horizontal, et l'on préserve par conséquent leurs pieds et leurs sabots de plusieurs maladies. 2°. Comme les chevaux urinent ordinairement vers le milieu de la stalle, et que l'inclinaison de la gouttière surpasse de beaucoup celle que pourroit recevoir le pavé, l'urine s'écoule à l'instant sans se porter sur les côtés, ainsi qu'il arrive dans les constructions ordinaires ; enfin, l'on peut, si on le juge à propos, préserver les chevaux de l'humidité avec une moindre quantité de litière.

Les stalles doivent avoir au moins cinq pieds ; j'en ai cependant vu de quatre et demi, où les chevaux étoient suffisamment à l'aise.

Il faut élever les séparations à la partie antérieure, de manière que les chevaux qui ne se connoissent pas ne puissent se voir [1].

Lorsqu'on a des étalons dans une écurie, ou lorsqu'on tient des chevaux, sur-tout des jeunes poulains, sans les attacher dans les stalles, il est nécessaire de fermer ces stalles. Cette précaution est également nécessaire lorsqu'on attache ces animaux ; car, s'ils parvenoient à se mettre en liberté, ils pourroient se blesser mutuellement. C'est pour éviter ces accidens qu'on dispose une ou deux stalles de manière à pouvoir adapter une traverse à leur partie supérieure ou à une élévation suffisante. On construit quelquefois des portes qui occupent l'espace compris entre le po-

[1] Il y a ordinairement dans les fermes des chevaux qui travaillent habituellement ensemble ; dans ce cas, on les place dans une double stalle: car on dit que ces animaux sociables se nourrissent mieux, et ont plus de gaieté lorsqu'ils vivent en compagnie, que lorsqu'ils sont isolés. Si on les tient dans une même stalle, on les attachera chacun à l'un des côtés de la stalle ; et chaque cheval aura en particulier son râtelier et sa mangeoire. Car, quoique ces animaux aient en général un grand attrait les uns pour les autres, il est presque certain qu'ils ne seront pas de bon accord lorsqu'il s'agira de partager leur nourriture, et que le plus fort se fera une portion meilleure.

teau inférieur de la stalle et la muraille de l'écurie, ainsi qu'on le voit dans la *Planche XIII, fig.* 4, *lettre F.*

Il y a à Scarsbrick - hall dans le Lancashire, chez M. Eccleston, une écurie dont les stalles sont séparées ainsi que nous venons de le dire ; cette méthode est très-avantageuse, non-seulement pour les raisons qui ont été données, mais aussi parce qu'elle offre de plus la facilité de tenir séparément chaque poulain avec sa mère.

On doit ménager dans l'écurie, ou dans un lieu attenant à l'étable, un emplacement propre, sec et bien aéré, où l'on placera les harnois, ainsi qu'un emplacement propre à recevoir un coffre à avoine. Si l'écurie est petite, et qu'on juge plus convenable de placer ce coffre à l'étage supérieur, je proposerois de le construire ainsi qu'on le voit dans la *Planche XIV, fig.* 5. *A* représente le mur du bâtiment ; *B*, le plancher supérieur ; *C*, le coffre à avoine, avec des trous pour donner passage à l'air, ainsi que nous allons l'expliquer ; *D*, un tuyau placé au-dessous du coffre, et servant à conduire l'avoine dans l'étable ; *E*, une coulisse en tôle, placée à la partie inférieure du tuyau, qu'on peut ouvrir ou fermer à volonté, et à laquelle on peut placer un cadenas, si on le juge convenable ; *F*, une seconde coulisse de tôle, placée au-dessus de la coulisse *E*, de manière que l'intervalle qui se trouve entre les deux coulisses doit contenir exactement une mesure d'avoine. On tire la coulisse supérieure pour remplir cet intervalle ; après quoi on la ferme, et on laisse échapper la mesure d'avoine en ouvrant la coulisse inférieure. On procède ainsi chaque fois qu'on veut avoir une mesure d'avoine.

On s'évitera la peine de monter dans la pièce supérieure, et de mesurer le grain, en faisant usage de ce moyen facile, expéditif et avantageux au fermier, sur-tout lorsqu'il aura un certain nombre de chevaux, puisqu'alors il épargnera beaucoup de travail, et peut-être même une grande quantité de grains.

———

SECTION VI.

ÉTABLES A VACHES ET ÉTABLES D'ENGRAIS.

JE parle dans le même Chapitre de ces deux espèces d'étables, parce qu'elles diffèrent peu l'une de l'autre. On réserve dans les étables à vaches des loges pour les veaux ; on apporte une légère différence dans la construction des stalles.

Je ferai mention des loges à veaux, placées dans l'intérieur des étables, parce que cette méthode facilite le service des personnes chargées de donner le lait aux jeunes veaux. Cette disposition néanmoins ne doit pas être généralement recommandée.

Ceux qui ont coutume de traiter les vaches, connoissent le vif sentiment de tendresse que la nature inspire à une vache qui vient de mettre bas ; elle soigne son veau, elle le lèche, et paroît craindre qu'il ne lui soit fait quelque offense. Le jeune veau se presse contre sa mère, et il semble qu'il n'attende de protection que d'elle seule. Cependant nous éloignons cette créature infortunée du seul objet qui lui est cher, et nous la plaçons dans un lieu d'où elle peut voir et entendre sa mère, comme si nous voulions aggraver ses peines et ses souffrances. Les cris douloureux du veau redoublent les angoisses de la mère. Elle fait des efforts pour rompre sa chaîne, et paroît inquiète lorsqu'on s'approche d'elle. La nourriture qu'elle reçoit dans cet état d'agitation ne peut lui être profitable ; son lait perd de sa qualité, et devient moins abondant. La présence d'un seul veau dans une étable où l'on tient un certain nombre de vaches, suffit, lorsqu'il s'en trouve qui ont nouvellement vêlé, pour mettre tout le bétail en agitation. La meilleure manière d'obvier à cet inconvénient, c'est de placer les veaux à une certaine distance, ou dans un lieu séparé par une muraille assez épaisse pour que les vaches ne puissent les entendre. Les mères oublieront bientôt leurs petits ; elles se nourriront mieux, et leur lait sera plus abondant.

Les étables à vaches, ou les étables d'engrais, peuvent être construites en forme d'appentis doubles ou simples. On peut, en employant ce dernier genre de construction, loger à peu de frais une grande quantité de bestiaux.

Il faut observer, 1°. que ces bâtimens doivent être bien aérés ; 2°. que leur construction doit faciliter le travail qu'exige la distribution du fourrage, ou l'extraction du fumier ; 3°. qu'ils doivent être construits avec des égoûts et des réservoirs pour l'écoulement des urines et des ordures, de manière que les animaux soient tenus très-proprement et dans un lieu bien sec.

Quant au premier point, nous ferons remarquer qu'il est aussi essentiel de donner un libre courant à l'air dans ces lieux que dans les étables. En entrant dans une étable, on voit habituellement les moutons et les vaches dans un tel état de transpiration et de sueur, qu'on s'imagineroit qu'ils sortent d'un exercice violent. Le souffle de ces animaux et la vapeur qui s'élève de leur corps sont tellement épais, qu'ils se condensent au plancher de l'étable. Ceci n'arrive jamais que dans les bâtimens clos ; on ne peut douter que la santé des animaux n'en soit vivement affectée, et que leur mauvais état ne soit dû à cette cause.

Celui qui engraisse un troupeau, attentif au bénéfice qu'il peut faire, et calculant le poids dont un bœuf peut augmenter chaque jour, devroit se donner la peine d'examiner si un bœuf qui est dans un état perpétuel de transpiration forcée, peut aussi bien engraisser, que lorsqu'il se trouve dans une température mitoyenne. Je pense qu'on ne peut rien objecter à ce raisonnement.

Lorsque les étables sont construites en manière d'appentis, il n'est pas aussi nécessaire d'y ménager des courans d'air. Mais lorsque les bois du plancher se couvrent de la transpiration des animaux, c'est une preuve qu'il est important de pratiquer quelques passages à l'air, en faisant des ouvertures, principalement au plancher : cette précaution n'est pas moins essentielle dans les étables. Si la construction est formée par deux pignons, on pratiquera, à la partie la plus élevée de chacun de ces pignons, une fenêtre dont les volets se fermeront ou s'ouvriront à volonté, par le moyen d'une corde ou d'une baguette.

Il est évident que la libre circulation de l'air, produite par le moyen que nous indiquons, sera aussi favorable à la santé des bestiaux, que propre à conserver les bois du bâtiment. En effet, lorsque le bois est ainsi imprégné d'humidité, il ne sauroit être de longue durée, et par conséquent il coûte beaucoup à le réparer ou à le renouveler.

Les bâtimens peuvent être construits de diverses manières, sur-tout dans leurs parties internes. Les bestiaux y sont ordinairement attachés à des poteaux rangés le long du mur, et à la distance de trois pieds les uns des autres, avec un intervalle de dix-huit ou vingt pouces entre le mur et ces poteaux, destiné à mettre leur nourriture. Telle est la disposition le plus généralement adoptée en Angleterre ; mais il est à remarquer sur cet objet, ainsi que sur un grand nombre d'autres, qu'une méthode est d'autant plus mauvaise, qu'elle est plus généralement suivie. Les domestiques qui donnent à manger aux bestiaux, sont forcés, pour cette construction, de passer entre les animaux, excepté cependant lorsque la nourriture se donne du dehors ; cette méthode qui occasionne une grande perte de temps, est sujette à plusieurs autres inconvéniens.

La construction la plus commode est celle qui permet aux domestiques de conduire une large brouette sur un emplacement situé en face des bestiaux, afin de leur distribuer la nourriture. On construit sur ce principe, en plaçant les animaux face à face, et en ménageant un intervalle de quatre pieds pour laisser un libre passage à la brouette [1].

Les bâtimens simples sont construits ainsi qu'on le voit à la *Planche XIV*, *fig*. 6. *A* représente le passage en face des bestiaux ; *B*, le râtelier pour le foin ou pour la paille ; *C*, l'emplacement pour serrer le fourrage ou la litière. On peut aussi leur donner la construction représentée *Pl. XV*, *fig*. 1 ; *D*, passage ; *E*, râtelier vertical, au derrière duquel on assujettit dans une position inclinée des planches *F*, qui servent à recevoir le fourrage. On ménage sous le râtelier une ouverture *G*

---

[1] Cette disposition est préférable à toutes celles que l'on trouve ordinairement dans les étables à vaches ou à bœufs. On peut la rendre plus commode en exhaussant à la hauteur des mangeoires le sol qui occupe l'espace compris entre les deux rangées de bestiaux. Ce sol est pavé en brique, et on y pratique deux conduits latéraux qui portent dans les auges ou mangeoires la quantité de boisson ou d'alimens liquides destinés à chaque animal. Les domestiques charient les fourrages dans une brouette, et ils les distribuent avec plus de facilité et d'une manière plus égale. Cette disposition que j'ai trouvée chez quelques bons cultivateurs d'Allemagne, présente de grands avantages; elle facilite la propreté, et elle économise le temps et la main-d'œuvre. *L.*

(76)

par laquelle les bestiaux prennent les racines ou le grain qu'on leur donne. Ce genre de construction , très-avantageux, est exécuté chez M. Bishton de Kilsal en Shropshire.

Les abris à double rang [1] sont construits comme on le voit dans la *Pl. XV, fig.* 2. *A* représente le passage ; *B B* , les poteaux auxquels sont attachés les bestiaux ; *C C* , les poteaux qui soutiennent le faîte du toit. Il est à propos d'adopter ici les râteliers et les mangeoires tels qu'on les voit dans la *fig.* 1 de la même *Planche*.

On a gravé (*fig.* 3) une construction à double rang , avec un grenier dans la partie supérieure. *A* indique le passage ; *B* , le grenier qui , étant construit en planches , peut servir à différens usages.

Les bâtimens à double rang sont non-seulement très - commodes pour la distribution des fourrages , mais ils contiennent en outre

---

[1] Les bâtimens dessinés dans les *Planches XIV* et *XV*, sont représentés dans leur coupe. L'élévation de leur façade ne s'y trouve point indiquée. On doit supposer que la façade et le fond de ces bâtimens sont construits de pilastres qui soutiennent la toiture , et que les intervalles entre ces pilastres sont remplis par des pièces de bois en claire-voie. *L.*

dans un même espace un plus grand nombre de bestiaux que n'en contiennent les étables où les rangs sont séparés.

Lorsqu'on donne la nourriture aux bestiaux par des ouvertures pratiquées à l'extérieur, on a à craindre divers inconvéniens, tels que ceux de la pluie, de la gelée ou de la neige. Si le service se fait dans l'intérieur, il ne sauroit être interrompu par le mauvais temps, sur-tout lorsqu'on a soin de placer les fourrages dans un lieu attenant et à l'abri des injures de l'air [1].

Il seroit à propos de ménager sous les abris une place *C*, *Pl. XIV*, *fig.* 6, dans laquelle on réserveroit une petite quantité de foin ou de paille. Cette place ou grenier doit être revêtue de planches, et doit avoir des fenêtres fermant avec des contrevents placés horizontalement et soutenus par des charnières,

[1] On a coutume, en Angleterre, de tenir le foin en meule dans les cours, ou aux environs de la ferme. On va de temps en temps chercher à ces meules une petite provision de foin. On coupe le foin avec un grand couteau, en morceaux qui ont la forme d'un parallélogramme alongé. On attaque la meule par le côté opposé à celui d'où vient ordinairement la pluie ; et on en diminue successivement l'épaisseur en coupant le foin du sommet à la base. *L.*

ainsi qu'on le voit aux *lettres B C*, *Pl. XVI*, *fig*. 1. Lorsqu'on a des fenêtres construites sur ce principe, on peut facilement jeter dans les greniers le foin qu'on apporte sur les chariots. Le toit, dans ce genre de construction, est supporté par des piliers de 3 ou 4 pieds de haut, placés sur le mur à la distance de 8 ou 16 pieds, comme on le voit aux *lettres A A A*, etc. *Pl. XVI. fig.* 1, *B B B* représentent les charnières auxquelles sont suspendus les volets; *D* représente un des volets ouvert. On peut arrêter ces volets de diverses manières; en se servant, par exemple, d'un loquet *E F*, *fig.* 2, dont l'extrémité *E* traverse la planche à laquelle est attaché le volet, et se fixe intérieurement par le moyen d'une cheville en fer. L'autre extrémité, formant une arête *F*, traverse le volet et le maintient élevé. *G* indique les deux trous par lesquels passe le loquet.

On ne doit pas apporter moins d'attention à tenir les étables propres et sans humidité. La méthode, généralement usitée, d'enlever le fumier avec des brouettes, est très-pénible, et demande un certain nombre de bras lorsque le troupeau est considérable [1].

____

[1] Il seroit très-important d'abréger ce genre de tra-

Il seroit nécessaire, pour tenir le fumier à couvert, de construire un abri, et de faire une dépense à laquelle plusieurs personnes répugnent. Il n'est cependant rien de si important pour un fermier que de conserver au fumier toutes les qualités dont il est doué :

vail, et d'épargner l'emploi d'une ou de deux personnes. On parviendra facilement à ce but, si l'on adopte une bonne construction; il faut donc examiner, avant de bâtir, le plan proposé, et le déterminer ou le modifier d'après la nature et la forme du terrain. Il seroit avantageux de pouvoir construire une fosse derrière l'emplacement où sont logés les bestiaux, afin de jeter immédiatement le fumier avec une pelle, sans être obligé d'employer la brouette : cette méthode, la plus expéditive et la plus économique, donnera le moyen de former de meilleurs fumiers. Dans les méthodes ordinaires, le fumier perd par l'évaporation une partie de ses qualités, par la raison qu'on le dissémine de côté et d'autre, et qu'on le laisse exposé aux intempéries de l'air ; cependant il n'importe pas seulement d'avoir une certaine quantité de fumier, mais on doit encore s'appliquer à en augmenter les qualités. On peut affirmer que, lorsque le fumier est exposé un certain temps aux influences de l'atmosphère, et qu'il est dénué de ses principes et de son activité, il est nécessaire d'employer trois ou quatre chariots de ce fumier, pour obtenir l'effet que produiroit un chariot de bon fumier qui a conservé ses forces végétatives.

mais ce n'est pas ici le lieu où ce sujet doit être traité.

La manière dont les stalles sont construites et pavées, contribue beaucoup à la propreté des bestiaux, et prévient l'humidité des étables. Il est cependant plusieurs lieux où l'on ne construit point de stalles dans les étables à bœufs ou à vaches ; on se contente de les attacher à des poteaux, sans division qui les sépare. Ailleurs, particulièrement en Cheshire et Lancashire, on réunit les vaches deux à deux, ou du moins on ne laisse qu'une très-petite distance entr'elles, ainsi qu'on peut le voir dans la *Pl. XVI, fig.* 3, qui représente ce genre de stalles ; *A A A*, etc. poteaux auxquels on attache les vaches.

Il est des endroits où l'on n'attache ni les bœufs, ni les vaches ; mais on donne à chaque animal une stalle particulière formée par un grillage en bois. Il est enfermé dans ce lieu, et il peut à peine se remuer. Le plan de ces stalles est représenté dans la *figure* 4 de la *Planche XVI. SS* indiquent les stalles ; *P*, le passage qui les sépare ; *T T*, etc. les auges où l'on met la nourriture. La *fig.* 5, *lettre R*, représente l'élévation de la grille placée à l'extrémité inférieure de chaque stalle. On y

pratique

pratiqué quelquefois une petite porte *G*. La *fig*. 6 donne la section des stalles. On y voit la pièce de bois *A* formant un triangle destiné à empêcher que les animaux ne se frappent avec leurs cornes. Quelques personnes pensent que les bestiaux engraissent mieux et plus promptement dans ces sortes de stalles, que dans celles où ils sont attachés.

On peut construire, ainsi que nous l'avons dit, des stalles doubles sans y pratiquer de petites divisions. Les divisions doivent néanmoins être suffisamment garnies de planches vers leur sommet, pour empêcher l'animal de voir son voisin. Il faut placer à chaque stalle une mangeoire particulière, et faire servir à deux stalles une auge dans laquelle on abreuve les bestiaux; l'eau peut y être conduite par des tuyaux qui communiquent à un réservoir extérieur. Les auges peuvent être construites en pierre, même d'une seule pièce, si on le juge convenable. (Voyez *Pl. XVII*, *fig*. 1.) On voit dans la *fig*. 2 l'élévation d'une stalle avec ses auges, et le râtelier vertical dont elles sont surmontées. Il seroit convenable de diviser les stalles par une grille, ainsi que l'indiquent les *lettres A B* dans le plan *fig*. 1. Cette construction empêcheroit

F

les animaux de se placer dans tous les sens, et de disséminer de côté et d'autre leurs ex-crémens ; car, lorsque les ordures sont répandues sur un seul point, il est plus facile de maintenir la propreté.

Quoiqu'on se serve pour les vaches à lait, dans diverses parties de l'Angleterre, des stalles que nous recommandons ici, on n'y place cependant qu'une mangeoire pour chaque vache, sans y mettre d'auge pour recevoir l'eau.

On donne en général trop de pente au pavé des étables, ce qui fatigue et incommode les animaux ; il faut, dans leur éducation, non-seulement les bien nourrir, mais encore veiller à ce qu'ils n'éprouvent aucun mal-aise. Si on les tient habituellement dans un lieu humide et mal-propre, si on les oblige à rester dans une position forcée, ils ne prospéreront jamais autant que s'ils étoient soignés convenablement : mais en général on se prête peu à tous ces soins. Plusieurs personnes semblent croire que toute leur attention doit se borner à donner une abondante nourriture à leurs chevaux, sans même avoir égard à la qualité. Tantôt on les attache si serrés contre un poteau, qu'ils peuvent à peine se mouvoir ; ailleurs on est dans l'habitude de leur mettre la tête entre deux poteaux , de sorte qu'il leur est impossible de se coucher pour prendre du repos , ni de donner la chasse aux insectes qui les dévorent. Souvent ils sont couverts de leurs ordures , transis de froid , ou étouf-fés par la chaleur. Un animal dans cette situa-tion ne peut prospérer , quelles que soient la quantité et la qualité des alimens qu'il reçoit ; car , ainsi que s'exprime un auteur ingénieux , *la propreté et la litière d'un animal font la moitié de sa nourriture* [1].

[1] Il est plus facile de maintenir la propreté parmi les vaches que parmi les bœufs, l'urine de ceux-ci se ré-pandant plus facilement dans les stalles. Mais si elles sont bien construites, et que les bœufs ne puissent changer de place, le centre seul, ou tout au plus la partie inférieure du lieu qu'ils occupent, se trouvera sali. Il est donc évident qu'il sera facile de tenir pro-pres les animaux en empêchant l'urine de se répandre, et en lui donnant un écoulement. Il suffit, pour cet effet, de paver les stalles, ainsi que nous l'avons décrit en parlant des étables à chevaux ; mais, comme les excré-mens des bœufs sont moins compacts que ceux des che-vaux, il faut employer un moyen différent. On pour-roit construire dans des lieux où le terrain a de la pente, derrière chaque bœuf ou vache , une grille placée sur la gouttière des stalles, au lieu où l'on présume que doi-vent tomber les excrémens. Ces excrémens, mêlés avec

On ne peut nier l'avantage des rigoles ou canaux qui servent à conduire les eaux des bâtimens dans un réservoir commun. C'est un bon moyen de préserver de l'humidité les bâtimens ainsi que les bestiaux. Il importe tellement aux fermiers d'avoir un réservoir pour recevoir les urines et l'égoût des fumiers, qu'on ne doit pas négliger de construire dans chaque ferme un réservoir destiné à cet usage. On ne conçoit pas comment on peut laisser perdre avec tant d'indifférence un engrais aussi précieux. Il semble même

l'urine, seroient entraînés par des canaux inclinés dans un réservoir commun, placé hors des bâtimens. On pourroit, s'il étoit nécessaire, hâter l'écoulement des immondices avec un râteau de bois ou une houe; ce qui deviendroit facile, si les canaux étoient recouverts avec de fortes planches qu'on enlèveroit au besoin. Les matières plus solides qui resteroient autour du grillage, seroient enlevées à la manière ordinaire. On éviteroit beaucoup de travail, si l'on adoptoit une construction de ce genre, dirigée d'après la situation des lieux : il seroit facile de maintenir la propreté dans les étables, et l'on pourroit se passer de litière lorsqu'elle seroit chère ou rare *.

* Cette méthode est générale en Hollande, où la paille est très-rare. Je l'ai vu pratiquer dans la Suède, la Norwége et la Suisse. Il est des circonstances où elle présente de grands avantages, sur-tout lorsqu'on veut faire des comports. *L.*

que plusieurs cultivateurs se donnent beaucoup de peine pour le faire échapper ; ils pra-
tiquent en effet des rigoles, et les conduisent
ainsi sur les chemins ou dans les ruisseaux.
Il arrive même que ces fermiers envoient
chercher à plusieurs milles du fumier de qualité bien inférieure à celui qu'ils laissent perdre. Il est à espérer que les exemples d'une
inconséquence de ce genre seront dorénavant
plus rares, et que chaque fermier jugera qu'un
réservoir d'urine est aussi nécessaire à sa
ferme, qu'une cuisine l'est à sa maison [1].

On décrira suffisamment dans un autre
Ouvrage [2] la manière de construire ces réservoirs, et les canaux qui doivent y conduire
l'urine sans aucun mélange d'eau étrangère.

[1] Il est à peine un agriculteur en France auquel on ne
puisse faire les reproches que l'auteur adresse ici à quelques fermiers anglais. Non-seulement on ne retient pas
les eaux qui se sont imprégnées des sels et des parties
animales ou végétales, répandus en grande quantité
sur le sol d'une cour, mais on donne même une issue
aux eaux des fumiers et aux urines des étables. Chacun
a pu faire la même observation que nous faisons ici ;
et cependant nulle part on n'abandonne une méthode
si préjudiciable à notre agriculture. *L.*

[2] *Traité Pratique des Perfectionnemens qui peuvent
être faits en Agriculture.*

On indiquera aussi comment on pourroit conserver l'urine dans les villes et les villages.

Nous allons parler de la construction des
loges à veaux. On a rapporté plus haut
quelques raisons qui déterminent à ne point
enfermer les veaux dans l'étable des vaches.
On les en rapprochera cependant autant que
possible, en ayant égard aux inconvéniens
indiqués.

Il est très-important, lorsqu'on élève des
veaux, de les placer dans un lieu sec et
chaud. Quelques personnes pensent qu'il est
nécessaire d'attacher les veaux par un licol
jusqu'au moment où on les châtre. D'autres,
au contraire, les laissent en liberté dans leur
loge, et leur permettent de prendre leurs
ébats à volonté. Il importe peu d'examiner
ici laquelle de ces deux méthodes est la meilleure.

La chose à laquelle on doit porter une plus
grande attention, c'est le plancher des loges
à veau. Il doit être formé par des lattes, ou
des barreaux épais de deux pouces, à la distance d'un pouce les uns des autres, placés
sur des solives, de manière que le plancher
soit élevé du sol d'un, de deux ou de trois
pieds, selon que le local le permet. Non-

seulement cette construction écarte l'humidité en donnant issue à l'urine et aux excrémens, mais elle prévient une odeur désagréable trop commune parmi les veaux, en
permettant à l'air de circuler librement dans
la partie inférieure. On observera que cette
partie doit être fréquemment nettoyée, et
que le plancher doit l'être aussi souvent qu'il
est humide ou mal-propre; car, si on laissoit
la litière s'accumuler, il n'y auroit plus d'é-
coulement à travers les interstices.

On construit souvent des loges à veaux,
sans plancher; et alors on remet de la litière
fraîche sur la litière ancienne aussi long-temps
que les veaux restent dans le même lieu;
cette pratique vicieuse doit être proscrite.

On fait rarement des divisions dans les
loges à veaux. Il seroit cependant plus convenable de tenir les veaux séparément; ils
seroient exposés à moins d'accidens.

On peut former des séparations de trois
pieds de haut, en attachant sur des poteaux
avec des clous des planches peu épaisses.
Cette construction doit être faite de manière
à pouvoir donner de plus ou moins grandes
dimensions aux stalles, selon l'âge ou la taille
des veaux. C'est d'après cette méthode qu'est

construite la double rangée de loges où l'on peut tenir dix veaux, et dont la *fig.* 3 représente le plan. *A* indique la porte ; *B*, le passage entre les deux rangées de loges ; *CCC*, etc. les loges formées par des divisions ; *DDDD*, les traverses percées de trous dans lesquels on fait passer des chevilles de fer qui pénètrent dans les divisions et les assujettissent. *E* désigne une porte ou une fenêtre. Il doit y avoir, outre cette fenêtre, des ouvertures servant à faire circuler l'air.

Dans le cas où l'on jugeroit inutile de construire des séparations mobiles, il seroit avantageux de placer au coin de chaque loge un baquet circulaire, assujetti dans un massif de même forme, et destiné à recevoir le lait qu'on donne aux veaux, ainsi qu'on le voit en *F*. Il seroit à propos d'établir une porte au coin opposé, et de construire un petit râtelier dans le fond de la loge. Les baquets, ainsi qu'on vient de le dire, doivent être de forme circulaire ; car, s'ils étoient carrés, les veaux pourroient se heurter contre les angles.

La *fig.* 4 représente la section des loges, et *R* la section des râteliers.

Les avantages qu'offre ce genre de constructions, sont de tenir les veaux séparément dans un petit espace , d'éviter que les plus forts ne blessent les plus foibles , ainsi qu'il arrive souvent, lorsqu'on les enferme dans un même lieu ; enfin la nourriture peut leur être distribuée d'une manière plus facile et plus égale.

Si l'on nourrit dans ces loges un grand nombre de veaux , comme 30 où 40 et même plus , il sera facile à une seule personne de distribuer le lait dans le même temps à tous les veaux par le moyen de tuyaux disposés de manière à conduire dans chaque baquet une quantité fixe de lait. Mais comme il est peu de circonstances où ce moyen demande à être employé, et que d'ailleurs nous traitons notre sujet sous des points de vue généraux, nous nous interdirons ici tout détail sur cette matière.

SECTION VII.

LAITERIES.

Lеs bénéfices qu'on retire d'une laiterie bien dirigée, sont en général si considérables, et même, d'après l'opinion d'un grand nombre de cultivateurs, si supérieurs aux profits résultans d'un genre de culture quelconque, qu'il ne devroit pas y avoir une seule ferme dans laquelle tout ne fût ordonné de manière à accroître cette branche précieuse d'industrie rurale, autant que peuvent le permettre la nature ou l'étendue du sol.

Une construction de laiterie négligée et mal-entendue, une manipulation vicieuse du laitage occasionnent au fermier des pertes considérables ; il fait alors du beurre et du fromage d'une qualité si inférieure, qu'il en trouve à peine le débit ; car en général la bonté des produits d'une laiterie tient à une construction bien ordonnée, ainsi qu'à l'intelligence dans le travail.

Le lait et la crème sont, de toutes les substances, celles qui s'altèrent le plus facilement par l'influence de l'air ambiant, ou par le contact des vases imprégnés de mauvaises odeurs. L'état et la température de l'atmosphère influent aussi d'une manière très-marquée sur le lait, ainsi que le démontrent les effets produits par le tonnerre, et la différence des soins et des précautions qu'on apporte dans l'économie d'une laiterie, d'après les changemens que l'air éprouve dans sa température.

C'est en vain qu'on croiroit faire du bon beurre et du bon fromage, si l'on ne maintient la plus grande propreté dans les laiteries et dans les ustensiles. Il est certain que le beurre et le fromage contracteront un goût désagréable, si les ustensiles sont souillés de la moindre ordure, ou s'ils sont empreints d'une légère odeur de lait aigre. Le même effet se fera sentir, mais plus particulièrement sur le beurre, si, après avoir répandu du lait, on néglige le lavage avant qu'il ne s'aigrisse, ou si on laisse dans une laiterie les substances qui répandent une odeur désagréable; une faute de ce genre dénote une grande indifférence de la part des domestiques, et beaucoup de négligence chez les maîtres. Il faut enfin apporter l'attention la plus exacte et la propreté la plus minutieuse dans les différentes manipulations du laitage, à commencer du pis de la vache, jusqu'à l'entière confection du beurre ou du fromage : le succès dépend entièrement des soins et de la vigilance [1].

Il faut, après avoir fait des observations générales, indiquer les méthodes de cons-

[1] Les personnes qui ont examiné des laiteries dans divers cantons, savent que les qualités bonnes ou mauvaises du beurre et du fromage proviennent uniquement du plus ou moins de soins qu'on donne aux laiteries, surtout pour ce qui concerne la propreté. Cette observation prouve que par-tout où l'on a du lait, on peut faire du bon beurre ou du bon fromage ; elle accuse en même temps l'indolence de presque tous les cultivateurs français, qui obtiennent de leurs laiteries des produits d'une qualité si inférieure. J'ai déjà eu occasion de comparer l'économie rurale anglaise avec celle des Français. Ici la dissemblance est plus frappante ; et la supériorité des Anglais se montre d'une manière plus marquée. Je n'ai jamais goûté de mauvais beurre ou de mauvais fromage en Angleterre. J'ai trouvé du beurre excellent, même dans des chaumières écartées des grandes routes et des communications, tandis qu'en France tout le beurre qu'on mange dans les campagnes, et jusqu'aux neuf dixièmes de celui qu'on apporte dans les villes, est fort et désagréable. Ce vice de nôtre économie rurale

truction. auxquelles est attaché en grande partie le succès.

Il y a trois espèces de laiteries : celles où les produits consistent uniquement dans le lait, celles où l'on fait le beurre, et celles où l'on fait le fromage. L'objet des deux dernières est suffisamment indiqué par leur désignation ; la première espèce se trouve ordinairement auprès des grandes villes.

Une laiterie à beurre, construite sur un bon plan, doit être composée de trois pièces : la première est destinée à recevoir le lait ; la seconde à battre le beurre ; celle-ci doit avoir une chaudière pour échauder et laver les ustensiles ; la troisième pièce servira à placer ces ustensiles, à les sécher et à les aérer, lorsque le mauvais temps ne permettra pas de les exposer hors des bâtimens.

Une laiterie à fromage doit aussi être composée de trois pièces ; savoir : celle où l'on dépose le lait, celle où l'on lave les ustensiles et où se fait le fromage, enfin, celle

tient, ainsi que bien d'autres, à la misère, et à l'oppression sous laquelle vivoient, avant la révolution, les habitans des campagnes. Il est à espérer que ceux qui gouvernent aujourd'hui daigneront enfin s'occuper des classes les plus intéressantes de la société. *L.*

où on le sale. Il seroit même avantageux d'a-
jouter à ces trois premières pièces une quatrième pièce ou grenier, destinée à recevoir
les fromages. Mais comme cette pièce est
communément séparée de la laiterie, nous
n'entrerons dans aucun détail à ce sujet.

Il suffit qu'une laiterie dans laquelle on ne
fait ni beurre ni fromage, soit composée d'une
pièce pour recevoir le lait, et d'une chambre
pour échauder, pour laver, et pour aérer
les ustensiles.

Comme la température de l'air est importante dans la manipulation du beurre et du
fromage, il est évident que la situation et la
construction d'une laiterie doivent être combinées de manière à prévenir, dans l'été, les
effets de la grande chaleur, et ceux du froid
durant l'hiver. Il est cependant plus facile
d'augmenter la chaleur en hiver que de la diminuer en été. C'est pour cette raison que
l'exposition du nord est préférable, et qu'il
est bon de placer une laiterie à l'ombre des
arbres ou des bâtimens, afin que son toit et
ses murs ne soient pas exposés aux ardeurs
du soleil.

Dans le cas où la laiterie ne seroit surmon-
tée d'aucun étage, il faudra préférer un toit

en brique, recouvert de paille, comme étant
le plus propre à garantir l'intérieur du bâtiment des effets de la chaleur et de ceux du
soleil. C'est ici la seule circonstance où l'on
puisse recommander les toits en paille ; mais
si l'on construit au-dessus de la laiterie, ainsi
qu'on doit chercher à le faire, un étage bien
aéré, la nature du toit sera alors assez indifférente.

Les murs de pierre sont préférables à ceux
de brique, sur-tout lorsqu'on leur donne une
épaisseur convenable ; les chaleurs de l'été,
ainsi que les froids de l'hiver, les pénètrent
plus difficilement [1].

Il est très - important de se procurer le
degré de température le plus favorable aux

[1] Il est très-important de donner une épaisseur considérable aux murs d'une laiterie; car il sera facile alors
d'y maintenir, dans toutes les saisons, le degré de température convenable. Les murs de la pièce où l'on conserve le lait auront cinq pieds d'épaisseur, excepté dans
le cas où ils seroient contigus à d'autres bâtimens. On
formera, afin d'éviter les frais de maçonnerie, deux
murs parallèles, de l'épaisseur d'un pied et à la distance
de trois pieds. L'intervalle compris entre les murs sera
rempli avec de la terre fortement battue, ayant soin
de ménager les ouvertures nécessaires pour donner de
l'air à la laiterie. *L.*

différentes manipulations du laitage. Ce degré est difficile à saisir, au rapport des personnes les plus habiles et les plus expérimentées. Ces personnes disent qu'une laiterie ne sauroit être trop fraîche en été, et qu'on doit généralement avoir recours au feu durant l'hiver. La température qui paroît la plus convenable, est celle qui se trouve entre le 40e et le 50e degré du thermomètre de Fahrenheit ; on doit donc chercher à se procurer une température de 45 degrés, comme étant la moyenne entre les deux qui viennent d'être indiquées [1]. Un thermomètre seroit très-utile dans une laiterie, si l'on savoit au juste quel est le degré de température qui convient le mieux ; car on pourroit alors conserver ce degré, soit en arrosant avec de l'eau fraîche en été, soit en échauffant en hiver par le moyen d'un poêle.

Quelques personnes pensent que le plafond ne doit avoir que sept pieds d'élévation

[1] Voici le rapport qui se trouve entre le thermomètre de Fahrenheit et celui de Réaumur.

FAHRENHEIT,	RÉAUMUR.	
40	$2\frac{2}{3}$	au-dessus de zéro.
45	$5\frac{7}{13}$	
50	8	

au-dessus

au-dessus du sol , et que les fenêtres doivent
être placées sur deux côtés opposés , et s'é-
lever jusqu'au plafond. Cette manière de construire facilite la dispersion des vapeurs qui
s'élèvent du lait chaud. Il est des personnes
qui pensent , au contraire , qu'on ne sauroit
donner une trop grande élévation au plafond ,
parce que , disent-ils , il est ainsi plus facile
d'entretenir la fraîcheur durant l'été.

Quant à moi , je ne vois pas de raison qui
puisse déterminer pour une élévation au-dessus de huit pieds ; mais , quelle que soit cette
élévation , celle des fenêtres doit être la même ,
afin que l'air chaud ne puisse se fixer au plafond , ce qui arriveroit dans le cas où les
fenêtres seroient plus basses que le plafond.
Les fenêtres doivent être fermées par des
treillis ; on adaptera à chacune un cadre revêtu de gaze , afin de laisser un accès à l'air ,
lorsqu'on voudra fermer tout passage aux
mouches et aux autres insectes.

Le sol sera couvert en dalles polies , et
bien jointes les unes aux autres. On se servira , à défaut de dalles , de briques carrées ,
et qui ne laisseront aucun interstice entr'elles ;
mais le marbre doit être préféré , lorsqu'on
ne craint pas de faire une trop forte dépense.

Il faut, dans tous les cas, ménager vers le milieu du pavé, ou dans un endroit plus convenable, une pente pour l'écoulement des eaux avec lesquelles on lave ce pavé.

Si la laiterie est peu spacieuse, on fixera aux murailles des tablettes pour recevoir les vases à lait. Si au contraire elle est vaste, on y établira, au lieu de tablettes, des auges, ou de grands vases propres à contenir une partie du lait : les vases ne doivent avoir que trois pouces de profondeur. On peut revêtir de plomb les auges, sans avoir à craindre aucun accident, si cependant on a le soin d'y maintenir la propreté [1]. Le marbre est, de toutes les matières, celle qui convient le mieux. Il doit y avoir au fond des auges un trou ou un robinet pour tirer le lait, ou pour faire échapper l'eau qui a servi au lavage. Il seroit commode d'avoir, à l'extrémité de chaque

[1] Comme le lait attaque facilement le cuivre et même le plomb, il est toujours dangereux de déposer le lait dans des vases faits avec ces métaux. Il sera donc plus prudent d'en bannir entièrement l'usage, et de ne point s'en rapporter aux soins et à la propreté des domestiques. On doit se servir de vases de faïence, de terre vernissée, ou mieux encore de grès, de marbre, de pierre, ou enfin de bois. *L.*

baquet, un tuyau qui conduisît l'eau nécessaire au lavage. On pourroit aussi placer
dans un lieu convenable de la laiterie un conduit, par le moyen duquel on répandroit
l'eau sur le pavé, lorsqu'on voudroit laver
ou rafraîchir la laiterie. Si l'on a de l'eau en
abondance, on laissera couler une fontaine
ou un jet d'eau au centre de la pièce. Une
eau qui se renouvelle à chaque instant, pu-
rifie et rafraîchit l'air.

On pourra échauffer la laiterie en hiver
par le moyen d'un tuyau qui y conduira la
chaleur de la cheminée placée dans la pièce
à battre le beurre, ou dans celle où l'on fait
sécher les ustensiles. Le tuyau doit être construit de manière à ce qu'on puisse intercepter la chaleur lorsqu'on le jugera à propos.

Les murailles et le plafond doivent être
crépis avec soin ; car s'ils n'étoient pas parfaitement lisses, les ordures s'y accumule-
roient facilement ; et même les araignées pourroient s'y loger ; deux inconvéniens qu'il faut
éviter avec grand soin. On revêt quelquefois
en plaques de faïence la partie des murailles
qui prend depuis les tablettes jusqu'au plafond, ce qui est un moyen de propreté et
d'ornement. On se contente souvent de for-

mer au-dessus des tablettes un revêtement
large de 18 à 20 pouces. Cette construction
produit un effet agréable , sur-tout lorsque
la rangée supérieure est d'une couleur différente.

La pièce à battre le beurre doit être voisine
de celle où l'on tient le lait. On y construira
une cheminée avec un fourneau et sa chaudière , afin de faire chauffer l'eau nécessaire
au lavage des ustensiles , et afin de donner à
la pièce la température nécessaire à la confection du beurre. Il seroit commode d'avoir
une pompe qui apportât l'eau dans la chaudière par le moyen d'un robinet placé à sa
base.

On placera dans la pièce où l'on tient les
ustensiles , un poêle qui servira à les faire
sécher, lorsque le mauvais temps ne permettra pas de les exposer au dehors; hors de
ce cas, on préférera le grand air, et on les
placera sur des dalles disposées convenablement. La même pièce sert à déposer pendant
l'hiver la crême auprès du feu, et à lui faire
prendre l'air quelques momens avant de la
mettre dans la baratté; ce qui est très-avantageux dans la confection du beurre. Il faut
donner tous ses soins pour empêcher que la

fumée ne se répande dans la pièce, car rien ne donne un goût si désagréable au lait ou à la crême que la fumée; il suffit même, pour produire cet effet, que les ustensiles aient été exposés dans un lieu où la fumée s'est répandue.

On fait servir quelquefois à d'autres usages les deux dernières pièces dont nous venons de parler, ainsi qu'on le voit auprès de Liverpool, dans la laiterie de l'ingénieux M. Wakefield, qui, en ajoutant une chaudière dans la pièce à battre le beurre, s'en sert au besoin pour faire la bière [1]. On fait aussi quelquefois la lessive dans la pièce où l'on serre les ustensiles; alors on y place une table. On peut construire, à l'étage supérieur, des chambres à coucher pour les filles de la basse-cour, ou pour les autres domestiques.

La pièce où l'on met le lait dans une laiterie à fromage, doit être construite à peu près sur le même plan que celle dont nous venons de donner la description. Car, lorsqu'on n'emploie pas dans cette espèce de laiterie tout le lait et toute la crême à faire des fro-

[1] Il est d'usage, dans les campagnes en Angleterre, que chaque particulier fasse chez lui la bière nécessaire à la consommation de son ménage. *L.*

mages, on peut alors se servir des auges dont nous avons parlé. Mais, dans le cas contraire, il convient mieux d'avoir des tablettes pour poser les vases à lait; car il sera plus commode de transporter le lait avec ces vases, soit pour le verser dans les moules, soit pour le jeter dans la chaudière, si on veut le faire chauffer.

La pièce à presser les fromages ou à laver les ustensiles, doit être construite sur le modèle de celle où l'on bat le beurre, de sorte qu'on pourra la faire servir à deux usages: il suffira d'y tenir une presse à fromage, au lieu de placer cette presse en dehors de la porte, ainsi qu'on le voit assez habituellement. La chambre où l'on sale le fromage, d'après la méthode pratiquée en Cheshire, doit être propre et bien aérée. Elle sera pavée en dalles, et aura une pente pour l'écoulement des eaux qui auront servi au lavage. On y posera une forte tablette ou une table qui servira à placer et à retourner les fromages en salaison. Il doit y avoir dans cette chambre, ou dans un lieu voisin, une provision de sable fin pour nettoyer les tablettes, les ustensiles, etc.

La chambre où l'on conserve les fromages,

peut être placée au - dessus de la laiterie ,
quoiqu'en général on choisisse de préférence
la pièce au-dessus de l'étable à vache , ou celle
au-dessus de la cuisine : on pense que la température qui règne habituellement dans ces
dernières pièces , hâte la maturité du fromage. On couvre avec du foin menu le plancher , aussi uniformément qu'il est possible :
on évite d'employer la paille à cet usage , car
ses tiges forment à la surface du fromage une
empreinte qui lui fait perdre de son apparence [1]. J'ai vu auprès de Northwitch en
Cheshire , dans la chambre à fromages de M.
Sutton , environ quatre cents fromages qui
étoient ainsi posés avec beaucoup d'ordre.
Chaque fromage pesoit environ 140 livres , et
chaque matin on en faisoit un.

Comme il n'y a pas de laiteries uniquement
destinées à fournir du lait, excepté aux en-

---

[1] La paille , outre l'inconvénient dont on parle ici , a
encore le grand désavantage de former dans les fromages des cavités qui , en se remplissant d'ordures ,
épaississent considérablement la croûte , et causent
ainsi une perte assez importante sur la masse des fromages , sur - tout lorsqu'ils sont très-petits ou d'une
forme aplatie Cet inconvénient se fait particulièrement sentir dans les fromages de Brie. *L.*

virons des grandes villes , et qu'alors la ma-
nutention est fort simple , sur-tout lorsque le
lait est vendu d'avance [1] , il est inutile d'entrer dans de plus grands détails sur la construction de ces laiteries. Mais si l'on veut,
ainsi qu'il arrive souvent , y faire du beurre
ou du fromage , on trouvera des instructions
suffisantes dans ce que nous venons d'exposer. Comme nous nous sommes particulièrement attachés ici à donner la description
d'une laiterie proportionnée aux besoins d'une
grande ferme , on pourra omettre dans les
fermes moyennes , ou dans les petites laiteries , quelques-unes des particularités indiquées ; mais cependant les principes généraux
que nous avons posés , doivent être inviola-
blement suivis.

Voici la description de la laiterie de M. Wakefield , située auprès de Liverpool. (*Voyez
Planche XVIII.*) La *fig.* 1 indique le plan ;

[1] On est dans l'usage, aux environs des grandes villes
d'Angleterre, principalement aux environs de Londres,
de louer le lait des vaches pour six mois ou un an. Les
laitières viennent chaque jour dans l'étable du propriétaire traire le lait des vaches qu'elles ont loué. On trouve
des propriétaires qui entretiennent jusqu'à six cents
vaches laitières. *L.*

A, laiterie; *aaa*, les auges ; *b*, une table pour mettre le beurre nouvellement battu; *ccc*, robinets pour soutirer le lait des auges : un seul robinet sert pour deux auges, par le moyen d'un tuyau de communication qui va aboutir en *ooo*, et qu'on tient fermé avec un bouchon en bois *p*, assez long pour qu'on puisse le saisir sans toucher la surface du lait ; *d*, gros robinet qui jette l'eau sur le pavé; *eee*, robinets qui apportent l'eau dans les auges ; *f*, porte en treillis, ainsi qu'on le voit dans la *fig*. 2 ; *g* est une autre porte d'un usage plus fréquent, avec des battans ordinaires. *B* indique la pièce à battre le beurre ; *h*, lieu où l'on peut allumer du feu; *k*, chaudière; *l*, grande chaudière dont on se sert pour faire la bière ; *C*, pièce pour sécher et aérer les ustensiles : elle peut aussi servir à faire la lessive. Le dessus de ces différentes pièces est destiné à loger les domestiques. La *fig*. 3 représente la vue intérieure de la laiterie à son extrémité *Q*.

SECTION VIII.

APPENTIS ; MAGASINS A PAILLE ET A RA-
CINES ; POULAILLER ; TOIT A PORCS ; CUI-
SINE DES PORCS ; CHARBONNIÈRE ; BUCHER
OU MAGASINS A TOURBE ; ATELIER ; MA-
GASINS POUR LE BOIS, LES INSTRUMENS
ET LES FARINES ; CHAMBRES DE DOMES-
TIQUES ; PLANCHERS DE PLATRE ; CHAU-
DIÈRES A VAPEURS ; BRASSERIE ; FOUR-
NIL.

IL est bon d'avoir dans une ferme différens emplacemens, outre ceux dont nous
avons déjà parlé ; mais comme leur disposition est simple, et qu'elle tient à l'ensemble
des bâtimens, il est inutile d'en donner ici
une description particulière, nous réservant
de le faire lorsque nous tracerons les plans
généraux des constructions rurales. Il suffit
donc de se borner pour le moment aux observations suivantes :

ABRIS.. — Ce mot désigne une construction formée par un toit qui est appuyé à sa
partie supérieure contre un mur, ou contre

un bâtiment, et dont la partie inférieure repose sur des poteaux de bois, ou sur des piliers en pierre. On donne aussi ce nom à un toit qui n'est soutenu que par des piliers. Les abris servent à différens usages : on y dépose les instrumens aratoires, afin de les garantir contre les intempéries de l'atmosphère ; ils préservent des injures de l'air les chevaux, les bêtes à corne et les moutons mis en liberté dans les cours d'une ferme ; ils servent à couvrir les fourrages et les pailles, ainsi qu'à d'autres usages particuliers, ce qui les rend indispensables dans une ferme.

MAGASINS A PAILLE. — On construit dans quelques fermes des granges ou magasins à paille ; mais comme il est facile de conserver la paille en tas, les bâtimens destinés à cet usage deviennent inutiles, si ce n'est pour en serrer provisoirement une petite quantité ; les bâtimens seront encore moins nécessaires, si l'on est pourvu de toiles peintes ou goudronnées, pour couvrir les tas à mesure qu'on les forme, ainsi que nous l'avons dit en parlant des granges.

MAGASINS A RACINES. — Il est très important de construire ces magasins dans une ferme, sur-tout lorsqu'on élève des bêtes à cornes [1]. Ils sont principalement destinés à entasser des choux et des racines d'hiver, provision qu'il est indispensable d'avoir toujours sous la main, et dont souvent il seroit difficile de disposer si on les laissoit en terre, soit à cause de la chute des neiges, soit à cause d'une gelée rigoureuse. On doit surtout abriter les pommes de terre, cette racine étant plus facilement atteinte de la gelée que toutes celles qu'on cultive pour l'usage des bestiaux. On entasse communément en Lancashire, en Cheshire, et dans d'autres lieux d'Angleterre, les pommes de terre au milieu des champs; on les couvre de terre posée en forme de toit, et bien battue, de manière que l'eau de la pluie s'écoule dans un fossé pratiqué autour du tas. Voici la manière

[1] On est généralement en usage en Angleterre de nourrir les bestiaux pendant l'hiver avec des racines, des choux, et autres plantes susceptibles d'être conservées dans un état de fraîcheur. Il est bien à désirer que cette méthode, inconnue dans la majeure partie de nos départemens, soit adoptée par nos cultivateurs. Elle leur donnera le moyen d'entretenir un plus grand nombre de bestiaux, et de les maintenir sains et vigoureux. L.

de former ces tas : On choisit sur le champ
une place de forme oblongue qu'on couvre
de paille ; on y entasse les pommes de terre
à la hauteur où elles peuvent se soutenir ;
on les couvre de paille de la même manière
que si l'on vouloit former un toit ; on fait un
fossé autour du tas ; et la terre qui en provient est jetée sur la paille ; on bat avec le
revers de la bêche la terre qui doit être assez
épaisse pour garantir les pommes de terre
contre la gelée. On met ordinairement six
pouces de paille et autant de terre ; la seule
chose à craindre dans cette méthode, c'est que
la pluie, lorsqu'elle est trop abondante, ne
pénètre par le sommet du tas. On évitera
cet inconvénient, si la paille, mise au sommet, est ployée également des deux côtés du
tas, au lieu d'être posée bout à bout.

Poulailler. — L'éducation des oiseaux
de basse-cour, bien dirigée, peut être d'un
grand rapport au fermier ; mais lorsqu'on
entretient un grand nombre de ces animaux,
on ne doit pas s'attendre à de grands bénéfices, si on leur permet de s'écarter à une
certaine distance de la ferme ; car non-seulement on s'expose à perdre les œufs, et même

plusieurs de ces animaux ; mais on éprou-vera de leur part, à certaines époques de l'année, des dégâts considérables, soit dans les champs, soit dans les granges : il est vrai que la volaille profite de quelques grains qui seroient perdus à la porte des granges ; mais cette perte n'existeroit pas si la paille étoit bien battue et bien secouée. On ne peut pas nier qu'en battant le blé avec la négligence ordinaire, il ne reste une assez grande quantité de grains dans la paille ; mais celui que peuvent alors ramasser les oiseaux de basse-cour produit une bien petite économie, si l'on considère la valeur de leurs excrémens et les accidens auxquels sont exposés les bestiaux en avalant les plumes répandues dans les fourrages. Il vaut mieux donner à la volaille une certaine quantité de grain avec d'autres alimens, et laisser le bétail profiter du blé contenu dans la paille.

La volaille doit donc être contenue, non dans un lieu bas, étroit et obscur, ainsi qu'on a coutume de le faire, mais dans un local spacieux, aéré, avec des arrangemens con-venables. Quelques personnes veulent qu'on tienne séparément chaque espèce d'oiseaux dont est composée la basse-cour. Cette précaution devient inutile , si l'on place la volaille dans un local assez grand pour qu'elle puisse agir en liberté, et si elle y trouve une retraite et des nids séparés.

Cette méthode est suivie avec beaucoup de succès, auprès de Liverpool , par M. Wakefield, qui élève, dans ce même lieu, une grande quantité de dindons, d'oies , de canards et de poules ; et quoique l'éducation des jeunes dindons soit en général regardée comme très-difficile, il en élève tous les ans un très-grand nombre, sans prendre pour cela aucun soin particulier.

Il a enclos un terrain de trois quarts d'acre ou d'un acre environ, avec une muraille de pierres sèches, ou avec une palissade de sapin ou de bois d'une autre espèce, fendus grossièrement et rapprochés les uns des autres. Ces palissades sont fixées par des pièces de bois posées horizontalement sur deux lignes. Elles sont taillées en pointe vers le haut, pour empêcher vraisemblablement que la volaille ne vienne s'y reposer. On a fait dans cette enceinte, pour chaque espèce d'oiseaux, des loges d'une construction peu soignée, mais à l'abri de toute humidité. Il s'y trouve une mare ou un courant d'eau. Les volailles, qui sont presque uniquement nourries avec des pommes de terre, réussissent parfaitement bien. Le fumier qui provient de cet enclos, est un objet assez important. On enlève, après avoir retiré ce fumier, une partie de la surface du terrain, ce qui donne un compost d'une très-bonne qualité.

Le plus beau poulailler qui ait jamais été construit, est peut-être celui du lord Penrhyn à Winnington en Cheshire. Il est formé par une façade belle et régulière de cent quarante pieds de long, terminée, à chacune de ses deux extrémités, par un joli pavillon avec une grande fenêtre ceintrée. Une colonnade formée par des colonnes de fer fondu peintes en blanc, et surmontées d'une corniche et d'un toit couvert en ardoise, sert de communication entre le centre des constructions et les deux pavillons. On voit au-dessous de la colonnade différens emplacemens nécessaires dans un poulailler, tels que ceux où l'on dépose les œufs, le grain, etc. Les portes sont fermées par des treillis peints en blanc; les jambages et les linteaux le sont en vert. Il y a au milieu de la façade du bâtiment quatre belles colonnes de pierres, et quatre

pilastres

pilastres qui supportent pareillement une
corniche et un toit couvert en ardoise ; la
porte placée entre ces colonnes est de fer en
mosaïque : on trouve, à l'un des côtés de la
porte, un petit salon orné avec élégance et
richement meublé ; la cuisine, placée au côté
opposé, est construite avec intelligence, singulièrement propre, et tenue dans un tel
ordre, qu'on ne peut la voir sans admiration.
Cette façade forme la corde de l'arc décrit
par une grande cour demi-circulaire placée
sur le derrière, et ornée pareillement d'une
colonnade, avec des constructions convenables à un poulailler. Cette cour est pavée
avec soin, et renferme vers son centre un
bassin semi-circulaire, auprès duquel est
une pompe. On voit, en face de tous ces bâtimens, un terrain appelé le parc de la volaille, qui est ouvert aux oiseaux de basse-
cour dans l'intervalle de leurs repas. Je me
suis trouvé dans ce lieu à une heure de
l'après-midi, temps où on leur distribuoit la
nourriture. L'on sonne alors une cloche, et
l'on ouvre la belle porte du centre. La volaille qui se trouve dans le parc, avertie par
le son de la cloche que son repas est prêt,
court et vole de tout côté, et se précipite à

H

travers la porte, chaque animal cherchant à se faire une bonne part dans la nourriture qui lui est présentée. Il y avoit alors dans ce lieu six cents individus de différentes espèces; et malgré un nombre si considérable, la cour semi-circulaire est tenue avec une si grande propreté, qu'on n'y apercevoit aucune trace sensible d'ordures. Toutes les constructions sont en brique, excepté les colonnes et les corniches, et peut-être aussi les jambages et les linteaux des portes et des fenêtres; mais on n'aperçoit point la brique, parce qu'elle est couverte par une belle espèce d'ardoise qu'on fait venir des terres de lord Penrhyn dans le pays de Galles. On attache aux murs des lattes sur lesquelles on fixe les ardoises avec des clous à vis. On peint ces ardoises, et on les saupoudre d'un sable blanc et fin, avant que la peinture ne soit sèche, ce qui produit un bel effet, et donne aux murs l'apparence d'une construction en pierre de taille.

Toits a porcs. — Leur construction doit être simple : il suffit de tenir les cochons dans un lieu chaud et sans humidité, où l'on place des auges pour leur manger, et de leur donner une petite cour dans laquelle ils puissent aller librement. Les toits à porcs sont ordinairement des appentis auxquels on donne rarement plus de six ou sept pieds de large.

Quoique le cochon soit généralement considéré comme le plus sale des animaux, il n'en existe cependant aucun qui se plaise davantage à reposer dans un lieu propre et commode, et qu'on doive tenir avec plus de propreté, si l'on veut qu'il prospère et qu'il devienne très-gras. Il faut que le sol intérieur du toit à porc, ainsi que le terrain extérieur soient en pente, et creusés de petits canaux, afin de donner un libre écoulement aux eaux : il sera convenable, pour mieux préserver les animaux de l'humidité, d'élever le sol intérieur de cinq ou six pouces. Les toits à porcs seront divisés intérieurement par des séparations, afin de loger à part chaque sorte de cochon ; car on ne doit pas réunir dans un même espace un trop grand nombre de ces animaux. On croit qu'ils réussissent et s'engraissent mieux lorsqu'ils sont tenus en petit nombre dans un même local, et que ceux du même âge sont logés séparément. Il faut donc pratiquer de petites

loges séparées, dont les unes seront réser-
vées pour les truies qui doivent recevoir le
mâle, les autres pour les truies pleines, et
d'autres enfin, pour les truies prêtes à mettre
bas, pour celles qui nourrissent, pour les
porcs à l'engrais, etc.

Les cochons, en mettant les pieds dans
leurs auges, perdent ou gâtent une grande
portion de leur nourriture; c'est pourquoi il
est nécessaire de prendre quelques précautions pour éviter cet inconvénient. Il faut pour
cela poser sur les auges des lattes de sapin,
qui, étant fixées sur les bords de l'auge,
viennent se réunir en formant un plan incliné,
et laissent un intervalle assez grand pour
donner passage à la tête du cochon, ainsi
qu'on le voit dans la *Planche XVIII, fig.* 4.
On aura soin de former, d'après le nombre
de porcs, des divisions dans les auges, afin
que les plus forts ne puissent chasser les plus
foibles. Il est inutile que les divisions aillent
jusqu'au fond de l'auge; mais elles doivent
s'élever un peu au-dessus des bords. On les
fait avec dès planches hautes de 8 ou 10 pouces, ainsi que le représentent les *fig.* 5 et 6.

On peut aussi empêcher qu'ils ne salissent
leurs alimens, en posant des auges de bois

peu profondes , élevées d'un pied environ
au-dessus du sol, par-dessus lesquelles on
établit des auges larges, profondes, et dont
le fond est ouvert, ainsi qu'on le voit dans
la *fig*. 7. On met dans les auges supérieures
les alimens qui tombent dans les auges inférieures à mesure que les animaux mangent,
de sorte que, lorsqu'une portion de nourriture est consommée, une portion nouvelle
succède aussitôt. On peut se servir, pour
les nourritures liquides, telles que le petit
lait, etc. d'une auge de pierre qu'on place
dans la partie inférieure, ainsi qu'il est indiqué en *a*, *fig*. 7. Les auges supérieures sont
percées, à leur base, de petits trous qui laissent échapper le liquide. Les auges supérieures peuvent servir à deux divisions, en
les plaçant entre deux de ces divisions.

Il seroit avantageux de faire passer dans
les étables un petit courant d'eau, où les
cochons pourroient se désaltérer [1].

Les toits à porcs doivent être construits de
manière qu'on ne soit pas obligé d'entrer dans
l'intérieur, pour donner à manger aux ani-

[1] On trouvera, à la fin de cet Ouvrage, le Plan et la
Description des bâtimens nécessaires à l'éducation d'un
troupeau de porcs. *L*.

maux. On leur donne quelquefois la nourriture par des ouvertures pratiquées dans la muraille des cuisines, de sorte qu'il n'est même
pas nécessaire de sortir hors de la maison.
Cette méthode est commode, lorsqu'on n'é-
lève qu'un petit nombre de cochons pour la
consommation d'un ménage : on trouve ainsi
plus de facilité à leur donner les débris des
végétaux et le rebut des cuisines, qui, sans
cette précaution, pourroient être perdus.

CUISINE DES PORCS. — On a, dans quelques endroits où l'on élève une grande quantité de cochons, une pièce auprès des étables, nommée la *cuisine des porcs*, dans
laquelle on place un fourneau avec une
chaudière, pour faire cuire les alimens qu'on
destine à ces animaux. Il sera facile de se
former une idée de ce genre de construction, en examinant la description de la marmite à vapeurs, que nous donnerons plus bas.
Cette marmite est employée avec avantage
pour la cuisson des pommes de terre et autres racines dont on nourrit les bestiaux.

CHARBONNIÈRE [1]. — Il est peu de lieux en

[1] Les instructions que l'Auteur donne ici sur la con-

Angleterre , où le combustible ne soit très-
rare et très-coûteux ; l'économie la plus sévère
doit donc être observée dans un objet aussi
important. Un fermier prévoyant aura soin de
faire durant la belle saison , lorsque les routes
sont praticables , sa provision de combustible
pour l'hiver. Il faut pour cela avoir un lieu
convenablement disposé.

Les charbonnières sont ordinairement construites sans toit ; mais il est plus convenable de les couvrir, puisque le soleil et la
pluie portent un dommage considérable au
charbon. La houille en gros fragmens ou celle
qui est brisée en petits morceaux , ainsi que
le fraisil [1], doivent se mettre chacun dans des
lieux séparés.

servation de la houille ou charbon de terre , peuvent
s'appliquer également au charbon de bois. Les observations qu'il fait sur la rareté du combustible en Angleterre , ne conviennent pas moins à la France , qui voit
chaque jour ses bois et ses forêts se dégrader d'une manière effrayante. *L.*

[1] On nomme *fraisil* la houille qui a reçu une première combustion à feu ouvert. Le résidu qui ne peut
brûler sans une addition de matière combustible , rou-
git , donne de la chaleur, et se consume lorsqu'on le
mélange avec de la houille. *L.*

BUCHER OU MAGASIN A TOURBE. — On construira, dans les lieux où on ne brûle pas de la houille, une pièce propre à recevoir le bois ou la tourbe : on doit faire ses provisions en été, et avoir soin de les mettre à l'abri de l'humidité [1]. Un fermier doit profiter des momens où les travaux sont interrompus, et employer alors ses domestiques à scier et à fendre le bois.

ATELIER. — Il est commode, et même nécessaire d'avoir un atelier dans une grande ferme, non-seulement pour construire et réparer les instrumens aratoires, mais encore pour mettre en réserve les différentes pièces des charrues, des chars, des roues etc. afin de les trouver au besoin [2]. Le fermier, à

[1] C'est un usage presque général en France de brûler le bois peu de temps après sa coupe, ou lorsqu'il est imbu d'humidité. Non-seulement le bois humide brûle avec plus de difficulté, mais, à quantité égale, il produit beaucoup moins de chaleur qu'un bois sec. Il est donc important de tenir le bois à l'abri de la pluie et de l'humidité. L.

[2] On doit avoir dans chaque ferme un atelier pourvu d'outils et du bois nécessaire pour la confection des instrumens, et pour les réparations journalières. Mais

qui il importe d'avoir des instrumens faits avec du bois de bonne qualité, ne peut se promettre d'en trouver au besoin, s'il n'a soin d'en former une certaine provision. Cet atelier doit être pourvu des principaux outils de charpentier, d'un banc, d'un tour pour faire les moyeux des roues, d'une meule à repasser, etc.

MAGASIN A BOIS. — On construira auprès de l'atelier un magasin à bois avec un lieu propre à scier les grosses pièces ; et si le local le permet, on le placera sous le même toit à l'une des extrémités de l'atelier. On y conservera non-seulement le bois qui doit servir à construire et à réparer les instrumens, mais encore les vieux bois et toutes les pièces qui paroissent inutiles, et qui peuvent cependant être employés dans mille circonstances. Le bois qui ne peut être d'aucun usage, sera déposé dans le bûcher.

MAGASIN POUR LES INSTRUMENS. —Il est cet atelier devient indispensable, et il doit être plus considérable et mieux fourni dans les fermes où les cultivateurs ont la coutume de faire et de réparer eux-mêmes leurs instrumens. L.

encore des objets, outre ceux dont nous avons parlé, qui demandent à être conservés avec d'autant plus de soin que l'usage qu'on en fait est plus rare, et qu'ils peuvent être perdus ou volés plus facilement. Tels sont les pelles, les bêches, les râteaux, les faulx, les faucilles, les cribles, les vans, les houes, les léviers, les instrumens à fouiller la terre, etc. On peut encore y ajouter les sacs, les câbles, les cordes, et même les vieilles ferrailles et les vieux clous. Il faut avoir, pour la conservation de ces divers objets, une petite pièce bien aérée et exempte d'humidité; le fermier en gardera habituellement la clef, afin d'empêcher que rien n'en soit enlevé.

MAGASIN A FARINE. — Plusieurs fermiers du nord de l'Angleterre ont coutume de faire moudre le blé, et plus particulièrement l'aybine, lorsqu'ils ne peuvent vendre leurs grains à un prix avantageux, ou lorsqu'ils espèrent que la farine augmentera de valeur. Cette méthode leur est assez généralement avantageuse; car il arrive presque toujours que le prix de la farine augmente avant le temps de la moisson. Un fermier trouve, dans tous les cas, du bénéfice à faire moudre promptement ses grains, pourvu qu'il ait un bon magasin à farine. Il seroit facile de démontrer ce que nous avançons ici ; mais cette matière ne peut être développée dans un Traité sur les Constructions Rurales. Nous croyons inutile d'observer qu'un magasin à farine doit être bien sec, bien aéré, et prémuni contre les animaux ; car la farine, est de toutes les substances, celle qui a le plus d'attrait pour les rats et pour les souris. On choisira donc un rez-de-chaussée exempt de toute humidité, ou, mieux encore, un premier étage dans lequel on placera des coffres qui fermeront bien exactement, et qui seront destinés à conserver la farine. Elle doit être fortement pressée, soit qu'on la mette dans des coffres ou dans des cases : on se sert à cet effet d'un rouleau de fer ou d'un battoir, ou on la foule avec les pieds. Cette dernière méthode est la plus commode, quoiqu'elle ne soit pas la plus propre.

CHAMBRE DE DOMESTIQUES. — Il faut avoir une chambre à lit dans les fermes où l'on entretient un certain nombre de domestiques, sur-tout lorsque ces domestiques ne sont pas mariés, et une pièce où ils puissent préparer leurs alimens , lorsqu'on ne les nourrit pas. Il est très - dangereux de permettre aux domestiques d'allumer du feu dans des appartemens qui avoisinent les bâtimens de la ferme , à moins qu'on ne prenne des précautions contre les accidens qui peuvent arriver ; car la plus légère négligence sur ce point peut avoir les conséquences les plus funestes.

Il sera donc prudent de situer les chambres des domestiques de manière que , si le feu venoit à prendre , il ne pût se propager aux autres bâtimens de la ferme. Il faudra donc les isoler , et même les placer à une certaine distance.

Il sera à propos, afin de prévenir ces accidens , de construire les planchers en pierre , ou en brique , ou en plâtre , ainsi que cela se pratique dans quelques parties de l'Angleterre. Ces sortes de planchers ont de la solidité , et peuvent être construits au rez-de-chaussée , ainsi qu'aux étages supérieurs.

PLANCHERS DE PLATRE. — Ces espèces de planchers sont en usage en Nottinghamshire ; on les a adoptés dans les étages supérieurs de la ferme du comté de Winchelsea en Rutlandshire. Mais comme ils sont en général peu connus, nous croyons utile de décrire ici briévement la manière de les construire.

On pose, à la manière ordinaire, les solives sur lesquelles on cloue des roseaux qui croissent principalement en Huntingtonshire, et on recouvre le tout avec du plâtre. Quelques personnes, pour épargner le plâtre, commencent par former une couche légère de mauvaise chaux, afin de remplir les interstices ou les inégalités. On étend ensuite le plâtre sur cette couche à l'épaisseur de deux pouces, ayant soin de faire cette opération le plus promptement qu'il sera possible. Ces planchers, qui sont excellens, coûtent peu, et peuvent être employés avec avantage dans les fermes et dans les petites habitations des gens de la campagne. On emploiera des lattes dans le cas où on ne pourroit se procurer des roseaux ; mais les lattes sont beaucoup plus dispendieuses. Il seroit avantageux de donner des encouragemens particuliers à la culture de ces roseaux ; car ils sont très-utiles non-seulement pour construire des planchers, mais encore pour couvrir les maisons [1].

[1] Ces espèces de planchers sont usités aux environs

Les chambres à coucher doivent être construites de manière à loger une certaine quantité de personnes dans un petit espace : on
place à cet effet les lits sur deux rangs, les
uns opposés aux autres. On rangera, par
cette méthode, quatre lits dans un espace où

de Nice. Voici la manière de les construire : les poutres,
posées à deux mètres de distance les unes des autres,
sont recouvertes par des chevrons de bois de pin ou de
sapin. Ceux-ci portent huit centimètres d'équarrissage ;
et sont espacés de sept à huit centimètres. Les intervalles
sont garnis de plâtras et de plâtre ; et le tout est recouvert d'un plâtre rouge connu dans le pays sous le nom
de *bythume*. On emploie un quintal et demi de plâtre
pour faire un mètre carré de plancher. La construction
de ces planchers est d'une grande solidité.

Les roseaux de l'espèce connue des botanistes sous le
nom d'*arundo fragmites*, servent aussi à faire les pla-
fonds et les torchis, soit dans l'intérieur, soit à l'extérieur des maisons, et ils remplacent avec avantage les
lattes dont nous nous servons en France. Je ne saurois
trop recommander cette méthode que j'ai vu pratiquer
en Suède et dans quelques lieux de l'Allemagne ; les cré-
pissages soutenus par ces roseaux, ont autant de solidité que ceux où l'on emploie des lattes ; ils demandent
une moindre quantité de chaux ou de plâtre ; ils sont
moins coûteux ; et si l'usage en étoit généralement répandu, on économiseroit la quantité de bois assez considérable qui est employée à faire des lattes. *L.*

l'on a coutume ordinairement de n'en placer
que deux. On pose communément deux lits
l'un au-dessus de l'autre, et l'on établit un
escalier pour monter commodément au lit
supérieur. L'entrée des lits supérieurs et celle
des lits inférieurs peuvent être placées du
même côté ; mais il est plus convenable
qu'elles soient situées sur des côtés différens.

CHAUDIÈRES A VAPEURS. — La méthode
de faire cuire à la vapeur les alimens des
bestiaux, offre de si grands avantages et
une économie si marquée, qu'elle mérite
une attention particulière de la part des
fermiers qui nourrissent un certain nombre
de chevaux, de bestiaux, de cochons, et
même de volailles. Il est à regretter que cette
méthode soit si peu connue. Je vais en donner ici la description, afin de la rendre plus
commune.

On fait sur-tout cuire ainsi la pomme de
terre, tubercule précieux qu'on ne sauroit
trop propager, et dont la culture a été recommandée si spécialement par le Bureau
d'agriculture ; car il n'est aucune plante dont
la récolte soit aussi avantageuse, et qui offre
une nourriture aussi saine pour les hommes

et pour les bestiaux. Non-seulement elle est recherchée par les animaux les moins délicats ; mais elle figure même sur les tables les plus somptueuses.

On a remarqué que les pommes de terre cuites à la vapeur, et données aux chevaux et aux bestiaux, les nourrissent mieux que lorsqu'ils les mangent crues, ou même cuites dans l'eau [1].

Voici une manière simple et aisée de les faire cuire à la vapeur. *A B C D* (*Planche XVIII*, *fig.* 8 et 9) est un fourneau [2] cubique en pierre ou en brique, qui porte trois pieds sur chacune de ses faces : *a* est la porte du fourneau ; *b*, le cendrier ; *c*, chaudière en fer de vingt pouces de diamètre, et

[1] M. Wakefield, pour s'assurer de ce fait, nourrit pendant quelque temps une partie de ses chevaux avec des pommes de terre crues, et une autre partie avec des pommes de terre cuites à la vapeur. Il s'aperçut promptement que l'avantage étoit, sous tous les rapports, en faveur des pommes de terre cuites. Les chevaux nourris avec ces pommes de terre, avoient le poil doux et luisant ; tandis que celui des premiers étoit rude et grossier.

[2] Voyez, dans les *Additions* qui se trouvent à la fin de cet Ouvrage, la Description d'un fourneau économique. *L.*

profonde

profonde de sept ou huit pouces, au-dessous
de laquelle on allume le feu. *B C* est une
pierre plate et polie, qui couvre entièrement
la partie supérieure du fourneau. On pratique à son centre une ouverture dans laquelle
la chaudière s'ajuste avec exactitude. *E* représente un tonneau dont le fond est percé
de plusieurs trous, et qu'on place au-dessus
de la chaudière à vapeur, après avoir rempli
celle-ci à moitié d'eau. On met alors les pommes de terre dans le tonneau qu'on lute exactement avec de la terre glaise dans le pour-
tour de sa partie inférieure, afin d'empêcher
que la vapeur ne trouve une issue entre le
tonneau et la pierre ; on le couvre avec un
couvercle bien adapté. *d* représente un bon-
don qu'on pose légérement dans un trou pratiqué au couvercle ; ce trou, fait pour donner
passage à l'air, peut être couvert avec une
plaque de plomb bien ajustée, et qui se meut
sur une charnière de même métal. Ainsi la
vapeur, trouvant une issue facile, ne pourra
endommager le tonneau. *F* indique le tuyau
par lequel s'échappe la fumée.

Lorsque les pommes de terre sont suffisamment cuites, ce qu'on reconnoît en ôtant
le couvercle, on les retire avec une cuiller,

ou on les jette dans un vase quelconque, en penchant le tonneau qu'on remplit de nouveau, s'il est nécessaire.

Cette chaudière à vapeur est d'une construction très-simple, ainsi qu'on peut le voir par sa description. M. Wakefield et M. Eccleston de Scarsbrick-Hall, qui donnent habituellement à leurs chevaux des pommes de terre cuites à la vapeur au lieu d'avoine, se servent d'une chaudière construite sur les mêmes principes. M. Wakefield qui, ainsi que nous l'avons dit, nourrit la volaille avec des pommes de terre, emploie la même méthode de cuisson; et on est étonné de trouver ses chevaux et ses oiseaux de basse-cour dans un grand état de prospérité, quoique ces animaux ne mangent jamais de grains.

On varie la construction des chaudières, ainsi que leur capacité. Une seule chaudière peut servir à la fois à plusieurs tonneaux : on peut aussi se servir, au lieu de tonneau, d'un vase à demeure, ayant à sa partie inférieure une ouverture qui ferme exactement, et par laquelle on retire les pommes de terre qu'on fait tomber dans une petite charrette, ou dans une brouette située au-dessous. On peut, dans le même cas, se servir, pour retirer les pommes de terre, d'un panier en fil-de-fer construit de manière à être facilement enlevé hors du vase par le moyen d'un lévier ou d'une poulie.

Si la chaudière à vapeur est placée auprès de la cuisine, elle pourra au besoin servir à différens usages, cette méthode de cuisson devant être préférée dans plusieurs circonstances à la cuisson ordinaire, qui se fait en immergeant les substances dans l'eau.

BRASSERIE, FOURNIL, etc. — Il est souvent nécessaire d'avoir dans une ferme plusieurs autres constructions destinées à des usages particuliers, et dont nous n'avons pas parlé jusqu'ici, telles qu'une brasserie, un fournil, un lieu pour tuer et dépecer les animaux, un pigeonnier, un rucher, une buanderie, un lavoir, un four à chaux, une étuve à sécher le grain, des citernes, des puits, des pompes, etc. On donnera dans un autre Ouvrage [1] la description de ces divers objets, ainsi que celle de différentes espèces de chaudières à vapeur ; et on indiquera le genre de construction qui leur est propre.

[1] *Traité pratique des Améliorations qui peuvent être faites en Agriculture.*

SECTION IX.

SITUATION ET DISTRIBUTION DES CONSTRUCTIONS RURALES.

———

Il convient, après avoir donné la description particulière des différentes parties qui composent ordinairement une ferme, d'indiquer l'ordre dans lequel chaque partie doit être placée. On doit, avant tout, avoir égard à la situation.

L'histoire ancienne nous apprend que les Romains donnoient un soin si particulier au choix d'un terrain sur lequel ils se proposoient de camper, qu'ils ne s'y établissoient qu'après avoir employé différens moyens pour en constater la salubrité. On doit apporter une attention bien plus sévère, lorsqu'il s'agit de se fixer à demeure.

On se déterminera d'après les quatre considérations suivantes, toutes les fois qu'on aura la liberté de choisir un emplacement ; à savoir : un air pur et tempéré, des eaux saines et à portée de l'habitation, un sol exempt d'humidité, et une position centrale et d'un abord facile.

Une ferme est, de toutes les constructions rurales, celle qui exige le plus impérieusement les conditions que nous prescrivons ici. Il n'en est cependant aucune où elles soient en général plus négligées. En effet, les fermes sont ordinairement situées sur des terrains bas, marécageux, fangeux, inaccessibles aux hommes et aux animaux, et qui semblent avoir été choisis pour servir de retraite aux grenouilles et aux insectes; tandis qu'à peu de distance on eût souvent trouvé une situation agréable, saine et exempte d'humidité. Il y a cependant peu de fermes d'une certaine étendue, sur lesquelles on ne pût trouver une situation convenable.

Il est pour ainsi dire aussi important de choisir un air pur et sec, lorsqu'on se propose de construire une grange et les autres bâtimens d'une ferme, que lorsqu'il s'agit de construire une maison d'habitation. Si les bâtimens sont situés dans un lieu humide, la récolte peut se détériorer au point de n'être plus vendable, quoiqu'elle ait été apportée des champs, étant suffisamment sèche; car, si le lieu où l'on dépose la récolte est humide, le grain se ramollit , et il contracte souvent un degré de moisissure qui en diminue beaucoup la valeur. Si l'on place au contraire la récolte dans un lieu sec, le grain alors gagne en qualité , et se conserve mieux ; on en retire par cela même de plus grands bénéfices.

Nous nous écarterions des bornes que nous nous sommes prescrites , si nous traitions plus au long des qualités de l'air, des eaux, du sol, objets qui recevront, dans l'Ouvrage que nous avons cité plusieurs fois , tout le développement dont ils sont susceptibles. On y indiquera pareillement la manière de purifier l'eau, et le moyen de former des sources artificielles, etc.

Lorsqu'on a choisi la situation d'une ferme, on doit déterminer la disposition des bâtimens qui la composent , d'après la nature de cette ferme, ou d'après le genre de ses produits. Ainsi chaque ferme doit avoir , 1°. une habitation ; 2°. une grange proportionnée à la quantité de terres arables, avec une machine à battre : lorsque les circonstances le permettront, il sera toujours avantageux de faire mouvoir cette machine par le moyen de l'eau ; 3°. les écuries dont l'étendue doit être proportionnée au nombre de chevaux nécessaires à l'exploitation des terres; 4°. une étable à vaches ou une étable d'engrais, ou même l'une et l'autre, selon le nombre de vaches ou de bestiaux : l'on construira ainsi d'autres bâtimens, selon que les besoins l'exigeront.

Après avoir fixé la situation des bâtimens, et avoir déterminé leurs dimensions, on observera avec soin l'état du terrain. Si le sol n'est pas parfaitement horizontal, on profitera de son inclinaison pour donner de la pente aux eaux, et les écarter de l'habitation. On choisira le lieu le plus favorable à l'emplacement des fosses à fumier ou à urine; car leur situation doit déterminer celle des écuries et celle des étables. Les granges seront placées auprès des étables, afin de faciliter le transport de la paille qu'on donne aux bestiaux. Si l'on construit un magasin à blé, on le placera auprès ou au-dessus de la grange. Le magasin à paille doit être attenant à la grange.

Il sera facile, après avoir fixé l'emplacement de ces diverses constructions, de déterminer celui des autres bâtimens; il suffira pour cela d'examiner la nature des travaux ou des besoins auxquels on les destine, et de placer chaque partie de la ferme d'après les rapports qu'elles doivent avoir entr'elles, ayant toujours égard à la facilité et à la célérité du travail. Je supposerai, afin de rendre ceci plus sensible, qu'on veuille construire une étable d'engrais. Le travail exigé dans un établissement de cette nature, consiste dans les transports des fourrages et de la litière, et dans l'enlèvement des fumiers. La grange est le lieu d'où l'on tire la majeure partie des fourrages, et toute la litière qu'on donne aux bestiaux; c'est pourquoi on placera la grange aussi près de l'étable qu'il sera possible.

Il faut, lorsqu'on nourrit les bestiaux avec des turneps ou autres racines, ou avec des choux, chercher le moyen le plus commode pour la distribution de ces alimens. On construira, attenant à l'étable, un bâtiment dans lequel on déposera une certaine quantité de racines, ou même la provision entière; et l'on jettera ces racines dans l'étable par des trous pratiqués à ce dessein.

On cherchera le moyen le plus facile pour tirer le fumier des étables, ayant égard au

genre de construction qu'on adoptera , ainsi
qu'aux observations qui ont été faites en parlant des étables à vaches.

Les personnes qui ont des connoissances
en agriculture , et qui savent assez bien des-
siner pour tracer leurs idées , pourront facilement , en se conformant aux règles que
nous avons prescrites , diriger le plan et la
construction des divers bâtimens qui doivent
composer une ferme.

Nous avons fait plus haut quelques re-
marques sur la situation qu'il convient de
donner aux constructions rurales. Nous ob-
serverons en outre que, s'il est plus avantageux , et même plus régulier , de placer une
habitation sur le front et au centre des au
tres bâtimens , il n'est cependant pas toujours
convenable de suivre strictement cette règle ,
à moins qu'on n'y soit astreint par la nature
du sol , ou par des causes d'une nature quelconque. On peut souvent en effet choisir une
situation plus favorable , quoique moins centrale , sans s'écarter néanmoins de la régularité que doivent avoir les constructions.

Conclusion de la Section VIII.

J'éprouverai la satisfaction la plus vive, si les observations précédentes, auxquelles je vais joindre des dessins, peuvent être de quelqu'utilité à la classe précieuse et intéressante des cultivateurs, ou si elles méritent l'approbation du Bureau d'agriculture pour qui elles ont été faites. Si mes services sont agréables à cet établissement vraiment patriotique, si mes travaux peuvent lui être encore utiles, je me croirai honoré en employant tous mes moyens pour concourir à ses vues de bienfaisance. L'établissement du Bureau d'agriculture, qui a été fondé par la munificence et sous les auspices de notre illustre monarque, formera, pour les siècles à venir, une époque remarquable, et sera placé parmi les événemens les plus heureux qui ont illustré notre siècle et notre patrie[1].

[1] L'éloge qu'on vient de lire, étant consigné dans un Ouvrage publié par le Bureau d'agriculture, pourroit être suspect au lecteur, s'il n'étoit instruit que cet établissement a été également préconisé par les hommes les plus éclairés de l'Europe, et que les grands avantages qu'il a procurés à l'Angleterre, sont constatés par

des faits universellement connus dans ce pays. Les amis du bien public regrettent que le gouvernement français n'ait pas encóre pensé à former un établissement semblable en France; car, de tous les moyens propres à hâter les progrès de l'agriculture, il n'en est aucun dont les effets puissent être aussi prompts et aussi efficaces. *L.*

SECTION X.

EXPLICATION DES PLANCHES I A XII INCLUSIVEMENT, ET DES PLANCHES XIX ET XX.

PLANCHE I représente l'élévation et le plan d'une petite habitation rurale pour un fermier avec ses domestiques. On peut la distribuer ainsi :

A, entrée. *B*, cuisine avec un four. *K C*, petite pièce attenante à la cuisine, dans laquelle on peut placer un lit, ou qui peut servir à serrer les provisions, etc. *D*, chambre du fermier. *E*, laiterie qui peut aussi être placée en *C*, si on le juge plus convenable. *F*, poulailler. ou pièce qui peut servir à déposer les petits instrumens, tels que pelles, bèches, râteaux, etc. *G G*, chambres à coucher, au premier étage: *H*, pigeonnier situé au-dessus des lieux d'aisance.

On a marqué, sur ce plan et sur les suivans, des dimensions qu'on peut varier selon les circonstances.

Planche II. Ce dessin d'habitation rurale produiroit, s'il étoit bien exécuté, un effet très-agréable et peu ordinaire, principalement si l'habitation étoit située sur une éminence, et qu'elle fût placée devant un jardin. Elle est destinée à une petite ferme, dont l'étendue est cependant moins bornée que celle de la précédente. Elle doit être occupée par un fermier et sa famille jouissant d'une plus grande aisance. Voici les distributions dont elle est susceptible :

A, entrée principale avec un vestibule. *B*, chambre. *C C*, cabinets. *D*, garde-manger. *E*, chambre pour placer les ustensiles et autres objets. *F*, cellier pour mettre la bière [1]. *G*, boulangerie. *H*, laiterie. *I*, escalier. *K*, cuisine avec un four qui donne sous l'escalier, et une chaudière placée à côté de la cheminée. *L*, pièce où l'on met du bois et du charbon : elle a une porte qui donne sur le derrière de la maison. *M*, étable à porc ayant sur la cuisine une ouverture par laquelle on jette les eaux et les débris de la cuisine, etc. *N*, poulailler [2].

Planche III. Elévation, plan du rez-de-

[1] Ce cellier servira pour le vin dans les pays où la bière n'est pas en usage. *L.*

Cette maison, ainsi qu'on le voit par le dessin, a un premier étage dont l'auteur ne parle point. Il est situé

chaussée, et plan du premier étage d'une habitation rurale, construite sur de plus grandes dimensions que les précédentes. Le plan N°. 1, est distribué ainsi qu'il suit : *A*, entrée principale. *B*, chambre ou salle pour recevoir les étrangers. *C*, chambre à coucher pour la famille. *D*, cuisine. *E*, laiterie. *F*, boulangerie et cellier. Les trois dernières pièces sont situées sur les derrières de la maison ; et elles sont couvertes par la prolongation du toit. Si l'on élève le plancher supérieur seulement à la hauteur de sept pieds, on aura, au second étage, des chambres à coucher. On construira, pour entrer dans ces chambres, des gradins qui communiqueront au premier étage, sur le devant de la maison ; ou bien on y entrera par un escalier situé au dehors. On voit à Burleigh, maison de campagne du comte de Winchelsea, une ferme construite à peu près sur le même plan que celui dont nous donnons ici la description. La porte de derrière de la cuisine donne dans la pièce qui sert de brasserie et de buanderie ; la chaudière est placée derrière la cheminée de la cuisine. Il y a, à

au-dessus des pièces *B* et *K* : il peut être composé de deux ou de plusieurs chambres, ainsi qu'on le jugera convenable. *L*.

côté de la brasserie, un emplacement pour mettre le bois, etc. aux murs duquel on a pratiqué des ouvertures qui servent à donner la nourriture aux cochons. Il y a dans la cuisine un four; mais on a pratiqué en outre, au-dessous de la grille de la cheminée[1], un petit four fort ingénieux qui peut servir à cuire le pain, et qui est principalement destiné à tenir chauds les alimens qu'on donne aux domestiques. Il est construit en plaques de fer fondu; et a une porte semblable à celle des fours ordinaires. Le premier étage consiste en quatre chambres, dont deux sur le devant, et deux plus petites sur le derrière.

Le plan N°. 2, représente une distribution qui diffère de la précédente. *A*, chambre à recevoir les étrangers. *B*, cuisine. *C*, cabinet. *D*, laiterie. *E*, boulangerie. *F*, charbonnier ou bûcher. *G*, poulailler. *H*, toit à porc avec une ouverture sur la cuisine. *I*, entrée de derrière. L'étage supérieur peut être composé de deux chambres à coucher,

---

[1] En Angleterre, où la houille est presque le seul combustible dont on fasse usage, les cheminées sont munies d'une grille élevée d'un ou de deux pieds au-dessus du sol. C'est dans cette grille qu'on place et qu'on allume la houille. *L.*

et d'un petit cabinet où l'on peut, au besoin, mettre un lit.

Planche IV. Habitation rurale propre aux fermes les plus considérables. Elle peut être distribuée d'après l'un ou l'autre des deux plans suivans :

Plan N°. 1. *A*, entrée principale. *B*, chambre à recevoir les étrangers. *C*, autre chambre destinée au même usage. *D*, vestibule et escaliers. *E*, cuisine. *F*, boulangerie. *G*, laiterie. *H*, cellier. *I*, entrée de derrière.

Plan N°. 2. *A*, entrée principale. *B*, chambre à recevoir les étrangers. *C*, cuisine. *D*, entrée de derrière au-dessous des escaliers. *E*, brasserie. *F*, cellier. *G*, boulangerie. *H*, laiterie. *I*, porte de la brasserie donnant sur le derrière.

Les distributions de la partie située sur le derrière, peuvent être les mêmes que celles du plan N°. 1 de la Planche précédente On trouvera également, sur cette Planche, la distribution qui convient aux chambres du premier étage.

On évite des frais considérables en élargissant une maison par le moyen que nous venons d'indiquer. On donne alors moins d'é-

lévation

lévation et moins d'épaisseur aux murs ; et les toits, étant plus légers, ne demandent pas une aussi grande quantité de matériaux.

On auroit pu donner différentes élévations sur un même plan, ou différens plans qui s'accorderoient avec une même élévation : il auroit été également facile de décrire quelques autres constructions convenables à une ferme ; mais on n'est pas entré dans de plus grands détails sur ces objets, par la raison qu'on les regarde comme indépendans d'une habitation rurale. On pense qu'il sera facile, avec le secours des quatre modèles qu'on a présentés ici, de construire une habitation propre à une ferme, quelles que soient la nature et l'étendue de celle-ci.

Planche V, *fig.* 1, représente la manière dont on fait les meules de blé de forme oblongue.

Fig. 2. Elévation d'une petite grange d'après la construction en usage dans la majeure partie des petites fermes d'Angleterre. *Fig.* 3, plan de cette grange. *a b c d*, aire de la grange. *a b* est un mur de traverse, haut de trois pieds, qui sert à contenir la paille battue. *e*, espace où l'on dépose le blé qui vient d'être battu, jusqu'au moment où il soit vanné. Cet espace, fermé par des murs de trois pieds de haut, est couvert en planches ; et il a, du côté de l'aire, une ouverture par laquelle on jette le grain.

Planche VI représente l'élévation et le plan d'une grange à deux aires *A* et *B*. On construit quelquefois un mur de traverse à la ligne ponctuée *C*. Ces granges sont ordinairement très-vastes et très-dispendieuses ; rarement elles servent à la conservation du blé lorsqu'il est battu ; elles sont destinées à recevoir la paille, et c'est là la seule utilité qu'on en retire.

Planche VII. Elévation et plan d'une grange construite à Muncaster, maison de campagne de lord Muncaster. Quoiqu'on n'ait pas pris toutes les dimensions de cette grange, cependant le dessin qu'on en donne ici est très-exact. *A* indique l'aire à battre. *B*, la place où l'on dépose le grain. *C*, escalier qui conduit à un petit grenier sous lequel on met les pommes de terre, etc. Il y a, à l'autre extrémité de la grange, un local *D*, qui peut servir à serrer les instrumens aratoires, à élever des veaux, et à différens autres usages.

Planche VIII. Grange d'une étendue considérable, située auprès de Manchester, et appartenante à M. Baille of Hope. *A*, aire pour battre le blé. *BB*, étables à vaches avec onze stalles de chaque côté. *CC*, loges à veaux formées par une séparation. *D*, une double stalle et deux simples, pour loger des vaches. *E*, deux stalles. *F*, chambre de travail, ou local qui peut servir de dépôt pour les racines ou pour les instrumens aratoires. L'étage supérieur est destiné à recevoir le blé en paille. Le bâtiment contient, sous le même toit, un grand nombre de pièces distribuées d'une manière commode ; et quoiqu'il soit d'une étendue assez considérable, on épargne cependant une grande quantité de maçonnerie, en faisant à l'étage supérieur de larges ouvertures qui servent à la libre circulation de l'air.

Planche IX. Plan et élévation de la face et du côté d'une petite grange, avec une machine à battre, mue par deux chevaux. Cette grange, mesurée intérieurement, a 5o pieds de long et 16 de large.

Les murs étant élevés de 1o pieds, on peut construire, au-dessus de la machine à battre, un grenier de 30 pieds de long, ainsi qu'on le voit figuré dans l'élévation de la grange par une ligne ponctuée qui indique l'étendue du grenier, et son élévation au-dessus du sol. Ce grenier n'occupe pas toute la longueur de la grange; on laisse à l'une des extrémités une place assez spacieuse pour contenir le blé en paille, qui est introduit par la porte *A*, *fig.* 2 et 3. *B* indique l'espace que la machine à battre occupe dans la grange; cet espace est de 10 pieds sur 7, y compris la distance qui se trouve jusqu'à la muraille. *CD*, *fig.* 2 et 3, représente le lévier auquel on attache les chevaux : il a 24 pieds de long ; et il communique le mouvement à la machine à battre par le moyen de l'arbre *E F*. La machine est placée dans l'intérieur de la grange, tandis que le manége situé extérieurement est à découvert. On se contente de poser des planches dans la partie *G H*, afin de préserver de la pluie les roues qui donnent le premier mouvement ; et on ménage, afin de pouvoir graisser ces roues, une porte qui s'ouvre et se ferme à volonté. Le prix d'une machine de ce genre peut monter à 30 ou 40 livres sterlings, selon la solidité avec laquelle elle est construite. On peut cependant diminuer cette dépense, si l'on ne tient pas à la solidité ; mais c'est une qualité indispensable dans toute espèce de machine.

Planche X. Plan et élévation de la face et du côté d'une grange, avec une machine à battre, construite sur de plus grandes dimensions que les précédentes. Cette machine, qui est mise en mouvement par trois ou quatre chevaux ou bœufs, bat et vanne le blé dans le même instant. On peut aussi l'employer à élever le blé aux étages supérieurs, à battre des pois, à couper la paille, et à exécuter d'autres opérations, telles que celles de battre le beurre, pomper, moudre le blé, etc. Cette grange peut convenir à une ferme d'une étendue quelconque. On donne ordinairement une forme conique au toit qui couvre le manége : comme sa construction est dispendieuse, il seroit avantageux de le faire servir à d'autres usages. On lui a donné ici une forme carrée, ainsi qu'on le voit par la *figure 2*, *lettres* *A B C D.* Le sentier que suit le cheval est indiqué par le cercle ponctué, au centre duquel est placé l'axe vertical *E, fig.* 3. On construit au-dessus de ce manége, en donnant une élévation suffisante aux piliers qui supportent le toit, un lieu propre à recevoir le blé en

gerbe, la paille, le foin ou même le grain.
Il est important, quelle que soit la destination de ce lieu, de construire le plancher de
manière qu'il ne fléchisse point vers le centre.
On indiquera dans le *Traité pratique des Perfectionnemens de l'Agriculture*, les moyens
qu'il est nécessaire de prendre à cet effet. On
établira, de la grange à l'étage supérieur dont
nous avons parlé, un escalier de communication F, *fig.* 2, qui facilitera le transport des
gerbes qui doivent être battues. La machine
à battre est élevée dans cette grange sur un
plancher à la hauteur de 7 ou 8 pieds au-
dessus du sol, afin de laisser une place suffisante au van qui doit être placé au-dessous.
On peut donner à ce plancher la largeur de
la grange, et une dimension de 15 pieds de la
partie I à la partie F. On formera au-dessous
un emplacement $FGHI$, commode et propre
à contenir le blé jusqu'au moment où il soit
porté au grenier. Le fermier pourra, s'il le juge
convenable, fermer à clef ce lieu, et en interdire ainsi l'accès à toute personne, même dans
les momens où se fait le battage. L'espace
marqué K recevra la balle qui est entraînée
hors de la machine à battre. On ménage une
porte dans la partie G de l'emplacement

F G H I , pour faciliter la communication avec la portion de la grange *L* , dans laquelle on tient le blé en gerbe , et où il est nécessaire de porter fréquemment la vue , lorsque le moulin est en activité. On pourra aussi construire une porte dans la partie *H* du même lieu , quoiqu'il ne soit pas très-important de prendre cette précaution , puisque le fermier peut facilement observer ses domestiques lorsqu'ils sont dans la partie *M* , lieu où l'on entasse la paille , en montant sur le plancher de la machine à battre , par l'escalier placé en *N*. On peut construire la machine à battre de manière à ce que la paille soit enlevée et jetée par la machine même dans la partie *M ;* et on évitera ainsi l'emploi d'un ouvrier qui est ordinairement chargé de ce travail. La dépense d'une machine destinée à battre , à nettoyer le blé et à rejeter la paille , montera à environ cinquante guinées , non compris le plancher , etc. Si elle est construite pour élever le blé au grenier , pour battre les pois et les féves , et pour couper la paille , on doit ajouter au prix qui vient d'être indiqué , six ou dix guinées pour chacune de ces différentes opérations.

Planche XI représente deux élévations ,

la section et le plan d'une grange avec une machine à battre mue par l'eau. Elle nettoie le grain, l'élève au grenier supérieur, le réduit en farine, et fait de l'orge mondé ou perlé, le tout par le moyen d'une seule roue à eau. J'ai érigé cette grange avec toutes ses dépendances, dans l'année 1792, à Kilrie en Fifeshire; j'ai trouvé ses constructions si avantageuses, qu'outre le bénéfice produit par la machine à battre, je retire 20 pour 100 des fonds dépensés dans cet établissement. Cette machine a battu et nettoyé, dans l'espace d'une heure, plus de 71 boisseaux de Winchester; elle étoit alors desservie par six personnes. Il est inutile de s'étendre plus au long sur ce sujet, puisqu'on doit donner, dans l'Ouvrage déjà cité plusieurs fois, une description très-détaillée de cette machine. Nous nous bornerons ici à une description générale.

Figure 1. Elévation de face. L'extrémité *A* doit être contiguë aux autres bâtimens, tels qu'étables, etc. ayant une arche de 10 pieds de large, par laquelle on fait entrer dans la grange les charrettes chargées de blé. 1 indique une porte qui donne dans la grange, à la partie supérieure de la machine; 2, porte qui sert à rejeter la paille après qu'elle a été battue ; 3, porte qui correspond à la partie inférieure de la machine ; 4, ouverture par laquelle passe le canal qui conduit l'eau sur la roue ; 5, gouttière qui sert de décharge aux eaux du canal, lorsque la roue n'est pas en mouvement; 6, fenêtre du grenier.

Figure 2. Section longitudinale, ou plutôt vue de l'intérieur qui indique l'ensemble de la machine, et la manière dont elle est mise en action. *A B*, niveau du sol de la grange: *CD*, niveau du sol au-dessous de la machine. *E F*, plancher au-dessus de la machine. *GH*, plancher du grenier. 1, machine à battre avec une trémie et un van au-dessous; 2, un homme qui fournit la paille à la machine; 3, un autre qui rejette la paille battue; 4, un troisième qui présente les gerbes au premier; 5, emplacement pour mettre la balle du blé; 6, roue à eau; 7, canal qui sert à la conduite des eaux; 8, gouttière de décharge; 9, moulin à moudre avec sa trémie, etc., 10, treuil pour enlever les sacs dans le grenier; 11, petit cabinet propre à tenir les livres de compte, situé au-dessus de la roue à eau; 12, porte donnant sur l'étuve et sur un escalier qui conduit au grenier. On n'a pas représenté dans la figure le moulin à orge, afin de laisser à découvert les pièces de la machine.

Figure 3. Elévation de l'extrémité du bâtiment; 1, canal qui conduit l'eau par l'ouverture 4 de la *fig.* 1. Les charrettes chargées peuvent passer sous ce canal; 2, fenêtre construite afin de conserver l'uniformité : elle sert à faire passer la gouttière de décharge indiquée par les numéros 5, *fig.* 1, et 8, *fig.* 2; 3, fenêtre du cabinet à tenir les livres de compte; 4, ouverture sur la roue à eau, qui donne la facilité de graisser les pivots, de réparer ou de visiter la roue; 5, étuve pour sécher le blé sur des toiles de métal; 6, local couvert pour conserver le bois au sec, et dans lequel se tient la personne qui entretient le feu.

Figure 4. Plan des bâtimens. *A*, grange. *B*, porte assez spacieuse pour donner entrée à une charrette chargée. *C*, sol sur lequel est placée la machine. *D*, roue à eau. *E*, cadre qui comprend la roue principale, et les trois pignons de fer par le moyen desquels les différentes parties de la machine sont mises en mouvement. *F*, emplacement du moulin à orge. *G*, van pour faire subir aux grains une seconde ventilation et les rendre propres à la mouture. *H*, van qui chasse la balle dans l'emplacement *I*. *K*, partie inférieure de l'étuve où l'on allume le feu. *L*, lieu couvert pour mettre le bois et allumer le feu. *M*, habitation du meunier.

Ces bâtimens et ces diverses machines qui peuvent convenir aux fermes les plus considérables, n'ont coûté que 400 guinées, sans y comprendre les frais de charrois, somme moins considérable que celles qu'on dépense souvent à la construction des granges destinées uniquement à abriter les gerbes de blé.

On pourroit donner ici d'autres descriptions du même genre, principalement celles où le vent agit comme moteur, moyen qui, sous quelques rapports, doit être préféré à l'emploi des chevaux [1]. On a construit

---

[1] Le vent ne me paroît pas devoir être un bon moteur pour une machine à battre. Il est en effet peu de contrées où il souffle assez constamment pour faire mouvoir cette machine chaque fois qu'il est nécessaire de la mettre en jeu. Si le vent souffle foiblement, ou par intervalle, ou s'il vient à cesser lorsque la machine est en action, les ouvriers qui la desservent sont obligés d'interrompre ou d'abandonner le travail, d'où il résulte une grande perte de temps, et par conséquent des frais trop considérables. J'ai vu en Suède un particulier qui avoit fait construire une machine mue par le vent; il a été obligé d'abandonner ce moyen. Il sera donc prudent de ne point l'employer, malgré le fait cité ici par l'auteur anglais. *L.*

dans ce genre un excellent moulin à Captain-head , dans la partie *est* de la province de Lothian. Les voiles sont disposées d'une manière fort ingénieuse, de sorte qu'on peut les étendre ou les ployer lors même que le moulin est en action. Mais lorsqu'on a de l'eau à sa disposition , on doit toujours préférer ce dernier moteur.

On peut facilement construire des machines à battre dans les granges spacieuses , telles que celles qui existent dans la majeure partie des fermes. Il importe , dans tous les cas , de se servir d'ouvriers assez intelligens pour donner aux bâtimens les dispositions qui conviennent , et assez habiles pour bien construire une machine. On trouve , dans diverses parties du royaume , des gens qui se disent fort habiles dans ce genre de construction , et qui entreprennent sans hésiter un travail au-dessus de leurs forces. Plusieurs propriétaires ou fermiers ont été ainsi séduits ; et après s'être donné des soins , et avoir dépensé beaucoup d'argent , ils ont vu leurs espérances s'évanouir , malgré les promesses qui leur avoient été faites.

Ce sont là les causes qui ont discrédité , dans quelques endroits , ces machines utiles et lucratives. Si les observations qui viennent d'être présentées peuvent détruire ce préjugé, si elles ont assez de force pour démontrer les grands avantages que tout fermier doit retirer d'une machine bien construite, nous éprouverons une joie bien vive, puisque nous aurons atteint, au moins sous quelque rapport, le but d'utilité publique que nous nous sommes uniquement proposé dans la publication de cet Ouvrage [1].

Planche XII, *fig*. 1. Elévation de face ; *a*, porte de la partie inférieure ; *b*, porte dans la partie supérieure, à laquelle on arrive par le moyen d'une échelle ; *c*, grue qui sert à enlever les sacs ; *d d d*, etc. trous pour l'intromission de l'air.

Figure 2. Section, ou vue de l'intérieur ; *a a*, etc. tuyaux ou conduits de bois qui abou-

[1] Les machines à battre le blé présentent de si grands avantages à l'agriculteur, qu'il est bien à désirer que leur usage s'introduise en France.

On trouvera, dans le dernier volume du Dictionnaire d'Agriculture de Rozier, la Description d'une machine à battre, inventée en Ecosse, et que j'ai vu exécutée en plusieurs lieux de la Suède et du Danemarck. *L.*

tissent aux trous pratiqués sur les côtés opposés du bâtiment. Ces conduits ont une forme
triangulaire, et sont faits avec des planches
épaisses d'un pouce et larges de six pouces.
On les pose, à angles droits, les uns au-dessus
des autres, l'angle formé par les planches
regardant la partie supérieure [1], ainsi qu'on
le voit dans la *fig.* 3. *b b b*, etc. indiquent
l'extrémité des conduits qui sont situés à angle
droit sur ceux qui partent des côtés opposés,
ainsi qu'on le voit par la *fig.* 4. *c c c*, etc. représentent des demi-conduits qui se prolon-
gent également de chaque côté jusqu'aux ouvertures par lesquelles l'air s'introduit. Ces
ouvertures doivent avoir une pente inclinée
vers l'extérieur, afin d'empêcher que la pluie
ou la neige ne pénètre dans l'intérieur du bâtiment. On les garnira d'une toile de métal
pour en défendre l'accès aux insectes et aux
autres animaux nuisibles : *d d* représente le
plancher du grenier, qui a trois aunes en
carré, et qui est formé par trois rangs de tré-

---

[1] On peut employer avec avantage ces conduits dans
les meules de foin ou de paille, pour les aérer et les
empêcher de s'échauffer; mais on doit alors les supporter par le moyen de gaules qu'on met en travers et au-
dessous.

mies *e e e* dirigées en tout sens, ayant chacune une aune en carré, et donnant en totalité neuf trémies, ainsi qu'on le voit par la *fig.* 5; *f* représente une grande trémie dans laquelle les autres sont contenues, avec une porte à coulisse *g*, qu'on ouvre pour faire sortir le grain.

o o représente une boîte carrée de sapin, fixée à la grande trémie, au bas de laquelle on attache, au besoin, par le moyen de quatre crochets *k k*, etc. une petite trémie *i*. La porte en coulisse a un manche *h*, qui traverse l'un des côtés de la boîte *o o*. On ne se sert de cette trémie que lorsqu'on veut retirer une petite quantité de grain : elle est enlevée lorsqu'il s'agit d'en faire sortir une grande quantité : *m* est une petite chambre ou grenier sur lequel on vide les sacs de blé; *n n* représente les côtés. Le grain en tombant passe à travers les trémies *e e e*, jusqu'à ce que la partie *f* soit remplie. On continue ainsi à remplir le magasin à blé par la partie supérieure.

L'ouverture de l'angle formé par les canaux étant tournée par en bas, il est évident que le blé, dans le cas même où le magasin seroit entièrement rempli, ne s'élèvera pas, ainsi que feroit un fluide, au-dessus de l'espace

formé par l'angle des canaux. Il se trouvera
ainsi un vide dans cet espace, au travers
duquel l'air circulera librement. Ces canaux
sont placés horizontalement à la distance de
trois pieds les uns des autres. Les rangs qui
vont d'un côté du bâtiment à l'autre, sont à
18 pouces de distance verticale des rangs qui
coupent ceux-ci à angle droit.

Les ouvertures ménagées dans le fond des
trémies *e e e*, doivent être faites de manière à
ce que le grain ne puisse sortir en plus grande
quantité par les unes que par les autres. Le
grain se portant plus facilement vers le centre,
l'ouverture *a*, *fig.* 5, sera moins grande que
les autres. On donnera une dimension plus
grande aux ouvertures *b b b b*, par la raison
que le blé trouve plus de résistance sur les
côtés de la grande trémie. Enfin, les ouvertures les plus larges seront celles désignées
par celles *c c c c*, la résistance produite dans
les angles étant plus considérable que celle
des autres parties.

On conçoit, par la simple inspection, que si,
après avoir rempli ce magasin, on ouvre la coulisse *g*, la masse entière sera mise en mouvement par la chute du blé, et que par conséquent chaque surface sera successivement

exposée

exposée à l'air qui entre par les ouvertures, et qui communique dans l'intérieur
par le moyen des canaux. Il suffira donc de
retirer quelques boisseaux par l'ouverture *g*,
pour aérer suffisamment toute la masse du
blé. Les demi-canaux, ou les planches incli-
nées et posées le long des côtés du bâtiment,
sont très-essentiels, puisqu'ils servent à introduire l'air dans ces parties, et à faciliter la
descente du grain qui, sans cette disposition,
resteroit appliqué contre la muraille. Celle-ci
doit être revêtue de planches unies et bien
jointes les unes aux autres.

On aura soin de porter les bords des conduits un pouce au moins au-dessous de la partie inférieure des ouvertures, afin que l'inter-
ception de l'air ne puisse avoir lieu.

On perfectionneroit peut-être cette méthode
de conserver le blé, en plaçant au sommet
du magasin un ventilateur qui forceroit l'air à
descendre par le bas, et à travers les ouvertures.

Le principe sur lequel est construit ce magasin, peut s'appliquer aux coffres à avoine
qu'on a coutume de placer dans les écuries,
ainsi qu'aux magasins les plus vastes.

Si l'on construit un coffre sur ce plan, il

doit être de forme cubique, avec un fond en forme de trémie, muni d'une coulisse, ainsi qu'on le voit en *g*, *fig*. 2. La coulisse sera élevée de 18 pouces au-dessus du plancher, afin qu'on ne soit pas gêné pour retirer l'avoine. On suivra, pour le reste, les indications que nous avons données.

Si l'on veut construire un vaste magasin, on le formera d'un nombre de divisions quelconques, ainsi que nous l'avons décrit. Les conduits qui se croisent aboutiront aux ouvertures latérales, en passant à travers les murs de division ; ou ils communiqueront à des conduits perpendiculaires établis dans les divisions pour y faire circuler l'air. On peut, en adoptant ce genre de construction, conserver dans un même magasin différentes sortes de grains, ainsi que nous l'expliquerons plus en détail dans le *Traité pratique des Améliorations en Agriculture*, où l'on donnera le dessin d'un magasin de ce genre, construit sur de grandes dimensions.

Si l'on construit un magasin pour les besoins ordinaires d'une ferme, il est inutile de rechercher avec beaucoup de soin une grande solidité, une situation très-avantageuse, etc. objets qui sont d'une importance majeure dans la construction d'un vaste magasin, où l'on veut conserver une grande quantité de grains. Un fermier fait rarement battre dans un court espace de temps une partie considérable de blé. Il est cependant bon d'avoir dans chaque ferme un local propre à recevoir le tiers au moins, ou même la moitié de la récolte annuelle.

Il est difficile de trouver assez de place pour serrer le grain dans les granges où l'on a coutume d'enfermer les gerbes ; mais lorsqu'on ne suit pas cette méthode, ou lorsqu'on a une machine à battre, on pourra facilement construire des greniers au-dessus des granges. C'est l'emplacement qui convient le mieux, et où il sera facile de loger le grain à moins de frais, dans le cas sur-tout où l'on auroit disposé une machine pour enlever les sacs de blé.

Planche XIX. Elévation et plan d'une petite habitation de fermier avec ses dépendances disposées d'une manière qui paroît très-avantageuse.

A, grange avec une machine à battre, mue par l'eau.

B, magasin à paille faisant continuation à la grange, et dans lequel on place la paille bat-

tue ou le foin ; les fourrages seront ainsi dis-
tribués facilement aux bestiaux placés dans
l'étable au-dessous. Cette partie de construction est faite d'après le même principe qu'on
a adopté *Planche VIII*, quoique le plan
puisse différer. Le toit de ce magasin à paille
peut être soutenu par des piliers à huit pieds
de distance ; on gagnera ainsi un assez grand
espace. On ménagera dans le plancher, à une
distance convenable, des ouvertures par lesquelles on jettera le fourrage des bestiaux.

C, cour à fumier avec une porte sur l'étable
ayant à l'extrémité correspondante une large
entrée qui donne passage aux charrettes dont
on se sert pour transporter le fumier. On aura
égard à la disposition du terrain en creusant
une fosse à urine auprès de cette cour et dans
un lieu convenable.

D, étable à vaches avec une porte qui donne
sur la cour à fumier.

E, loge à veaux, fermée par une grille, afin
que les veaux ne puissent sortir lorsque les
portes sont ouvertes.

F, étable avec deux petites chambres, dont
l'une pour les harnois, et l'autre pour l'avoine.

G, chambre pour conserver les racines. On
pourra construire au-dessus un grenier, à

moins qu'on n'aime mieux le placer au-dessus de la grange.

H, hangar pour les charrettes, etc.

I, emplacement pour serrer les gros instru- mens, tels que charrues, herses, etc.

K, pour les petits instrumens, tels que bê- ches, pelles, râteaux, fourches, etc. et pour conserver la vieille ferraille, et autres objets utiles qui peuvent facilement s'égarer.

L, mare pour laver les pieds des chevaux. Elle va en pente à prendre de ses deux extré- mités jusqu'à son milieu *L*, où elle a une cer- taine profondeur, afin que les chevaux puis- sent facilement entrer par l'une de ces extré- mités, et sortir par l'autre. On posera une grille à chaque bout, afin d'en interdire l'en- trée aux bestiaux, lorsqu'il gèlera ou lors- qu'on le jugera convenable.

M, pompe avec un baquet pour abreuver les bestiaux, sur-tout lorsque les eaux sont gelées, ou que celles de la mare sont mal-pro- pres. Si l'eau qu'on a supposé faire aller la machine à battre pouvoit être conduite dans cette mare, ce seroit un moyen de la rendre propre et salubre aux bestiaux.

N, plan de la maison d'habitation avec une

laiterie, une boulangerie, et différentes pièces sur le derrière pour placer les cochons, la volaille, le charbon, etc. désignées par *O*. On peut, si on le juge plus convenable, choisir, au lieu du plan d'habitation qui est ici présenté, l'un de ceux que nous avons donnés plus haut.

On trouve un avantage important dans le plan de bâtimens que nous venons de tracer ; le fourrage consommé dans la ferme, passe progressivement du tas ou de la grange à l'étable, et de ce lieu à la fosse à fumier : on évite par-là des transports longs et multipliés. La paille en gerbe est en effet apportée du tas ou meule dans la grange *A*, où elle est battue. Elle est ensuite déposée dans le magasin à paille *B*, d'où on la jette dans l'étable située au-dessous ; elle est convertie en fumier ; et celui-ci est enfin porté dans la fosse *C*. Un tas de paille ou de foin élevé derrière l'écurie *F*, ou derrière l'étable *D*, ou placé sous un appentis attenant à ces deux bâtimens, présenteroit les mêmes avantages que ceux que nous venons d'exposer. On voit, d'après le plan, que la communication intérieure et extérieure entre les écuries et la cour au fumier est également facile ; on a placé une grille à la loge des veaux, afin que ces animaux ne puissent sortir par les deux portes latérales, qui doivent rester ouvertes lorsqu'on enlève le fumier de l'écurie pour le porter intérieurement dans la cour qui doit le recevoir.

Planche XX. Elévation et plan d'une habitation rurale et de ses dépendances avec deux cours.

A. grange avec une machine mue par l'eau.

BB, appentis qui servent à abriter la paille qui vient d'être battue. On peut ensuite la transporter ailleurs si on le juge convenable.

C, écurie.

D, étable à vaches ou étable d'engrais. On y construit une porte donnant sur la cour à fumier qu'on suppose placée sur le derrière.

E, atelier fermant à clef, où l'on met le bois, les outils, les roues, etc.

F, chambre pour les petits ou pour les gros ustensiles, avec une porte en treillis afin que l'air puisse entrer librement.

G, appentis pour les charrettes.

H, emplacement destiné à la volaille et dans lequel il y a un puits. Les nids et les juchoirs

sont couverts et placés, aux deux extrémités.

I, emplacement semblable au précédent, et
dans lequel on peut élever des lapins. La
mare peut être empoissonnée. On trouvera de
l'agrément et du profit à élever ces espèces
d'animaux, si on leur donne les soins qu'ils
exigent. Les murs de front de ces deux emplacemens élevés de deux pieds et demi, sont
surmontés d'un chaperon et d'une grille haute
de six pieds, qui peut être construite en pièces
de bois pointues au sommet, ce qui empêchera
la volaille de voler au-dessus, et la mettra à
l'abri des attaques extérieures.

K, plan de la maison d'habitation avec les
convenances qui lui sont propres.

On a disposé dans ce plan, ainsi que dans
le précédent, les constructions de manière à
ce que le transport du fourrage exigeât peu
de temps et de travail.

Il seroit facile de varier ici les distributions;
mais on pense que les deux plans qui viennent
d'être décrits, suffisent pour jeter du jour
sur les observations qui ont été faites, et
pour donner une idée générale sur la manière
dont les constructions rurales doivent être
ordonnées d'après la disposition du terrain,

ou la nature d'une ferme : car ce n'est que d'après un examen de ce genre, qu'on peut déterminer l'espèce de construction qui convient à une ferme. On auroit aussi pu tracer sur les dessins diverses constructions utiles, et dont il a été parlé plus haut ; mais il a paru superflu, après avoir désigné et disposé les principaux bâtimens, de surcharger les gravures par des détails minutieux. Il sera facile à chacun de déterminer, d'après l'inspection du plan général, la place de chaque construction particulière.

Nous ferons observer qu'il est avantageux d'avoir deux cours, sur-tout lorsqu'on élève différentes espèces de bestiaux ; car on peut alors séparer les jeunes animaux, les laisser promener librement dans les cours, et leur donner des soins et de la nourriture, avec autant de facilité que s'ils étoient réunis dans une même étable. On tient les jeunes chevaux dans une cour séparée de celle où sont les veaux. On peut même au besoin y construire des abris pour les bêtes à laine.

SECTION XI.

POSITION DES FERMES ET DES BATIMENS RURAUX.

C'est une question très-importante , sous le rapport du bien public , de savoir quel est le nombre d'acres dont une ferme doit être composée. Il me semble qu'on ne peut , en général , apporter une trop grande variété dans l'étendue des fermes ; mais cette étendue doit être proportionnée aux capitaux disponibles. On a reconnu , dans ces derniers temps , que les fermes d'une certaine étendue contribuent à la richesse nationale , lorsqu'elles sont situées auprès des villes manufacturières , ou dans les lieux riches en mines ; car l'influence du propriétaire de terres a été ainsi contre - balancée par l'influence de l'homme qui commande à un grand nombre d'ouvriers ; et il est résulté de cette combinaison , non-seulement un gage de tranquillité publique , mais encore un moyen de pourvoir à la subsistance d'un grand nombre d'hommes réunis sur un petit espace. D'autres raisons prouvent encore que les petites fermes de deux ou trois chevaux et d'une vache sont utiles, lorsque le voisinage d'une petite ville, d'une mine de houille, de fours à chaux ou d'un canal, demandent un certain nombre de chevaux pour le transport de divers objets. De petites fermes situées sur les deux rives d'un canal, facilitent les moyens de transport en augmentant la concurrence.

Il reste à déterminer, après être convenu de ces principes, quelle doit être, sous les simples rapports de l'agriculture, la quantité d'acres dont une ferme doit être composée. On peut répondre d'une manière positive, et dire que cette quantité doit être déterminée d'après la quantité de terres que le fermier peut inspecter, sans cependant exécuter lui-même les travaux, et dans l'hypothèse où il ne s'occuperoit pas à spéculer sur les marchés. Si le fermier est simplement laboureur, le genre d'industrie auquel il se livre, quoique très-recommandable en soi, tend cependant à rétrécir ses vues et ses idées. S'il devient facteur en parcourant les marchés, alors il cesse de veiller aux travaux de la ferme; il se rend inhabile à toute espèce d'amélioration ; et le désir d'amasser une fortune rapide , le détourne du but et des moyens honnêtes qu'il doit employer pour y parvenir.

On est souvent appauvri avec une ferme de cinquante acres ; et l'on fait souvent banque-route en conduisant une ferme de mille acres. J'ai observé que les fermes de cent cinquante à trois cents acres produisoient en général les résultats les plus avantageux , quoiqu'une ferme plus considérable, ou moins petite, n'entraîne pas toujours les inconvéniens dont on vient de se plaindre.

Le système d'amélioration qui dépend de la quantité de fonds disponibles , mérite pareillement une considération particulière. L'intérêt réel et constant du propriétaire et du fermier étant le même , il en résulte qu'ils se nuiroient également , dans le cas où ils chercheroient à s'appauvrir réciproquement. Il est avantageux à tous deux que l'un et l'autre jouissent d'une honnête aisance. Si l'on pouvoit excuser une conduite aussi inconséquente , un fermier seroit sans doute digne d'indulgence , puisque le genre d'éducation qu'il a reçu le rend moins susceptible de réflexion et de sentiment. Un propriétaire qui raisonne

juste, suppose que, plus un fermier trouve
de facilité à gagner de l'argent, mieux il doit
payer. L'intérêt du fermier étant temporaire,
tandis que celui du propriétaire est habituel,
il importe donc à celui-ci que les dépenses
relatives aux objets de permanence soient
faites à ses frais, et que les constructions et
les dispositions des bâtimens soient dirigées
d'après ses propres vues ; car la terre inculte
et dans un état de nudité a une certaine valeur qui augmente considérablement par les
desséchemens, par les constructions, etc. D'a-
près ces considérations, le propriétaire doit
augmenter la rente, et retirer un intérêt des
fonds employés en améliorations, tandis que le
fermier contribue graduellement et d'une manière facile, en rassemblant les matériaux,
ou en faisant les charrois, etc. Le propriétaire doit acheter la paille, le fumier, etc. du
fermier qui se retire. Il doit prendre des dispositions telles que celui-ci ne puisse trouver
aucun avantage dans l'abandon de sa ferme.
Il peut l'y fixer par des encouragemens, et
même condescendre à ses vues, toutes les fois
que leur exécution ne portera aucun préjudice
au plan général d'amélioration. C'est par l'emploi de ces moyens qu'il inspirera de la con-

fiance à un fermier laborieux, et qu'il lui fera appréhender les suites d'une conduite déréglée ou inconséquente.

Il importe sur-tout qu'un propriétaire connoisse lui-même son fermier. Le jugement, l'habileté et les avis de quelques personnes peuvent lui être d'un grand secours ; mais, sans une attention personnelle, il n'est que peu de bénéfices à attendre.

Après avoir considéré, sous des rapports généraux, l'étendue et la position des fermes, après avoir supposé que la valeur de la terre fût déterminée, et être convenu du mode de placement de fonds, nous allons nous occuper de la situation, de la construction et des dépendances des bâtimens.

Lorsqu'on est libre de choisir l'emplacement d'une ferme, on doit le fixer vers le centre des terres, à moins que des circonstances particulières ne s'y opposent. Les bâtimens doivent être abrités au nord et à l'est par une colline ou par des bois, et entièrement dégagés vers le sud. Il est à propos de conserver un aspect du côté de l'est, ainsi que du côté de l'ouest. Ces avantages, qu'on ne sauroit trop apprécier, se trouvent ordinairement sur un terrain en plaine, circonscrit par des coteaux.

Une situation pareille assure la conservation des grains et celle des fourrages ; elle favorise la santé et la reproduction des bestiaux ; elle est salutaire pour les hommes, qu'elle rend plus gais et plus actifs.

Il est probable qu'on y trouvera des eaux ; mais, dans le cas contraire, on ramassera les eaux des pluies qui tombent des bâtimens, et qui peuvent suffire, sur-tout en hiver, lorsque les bestiaux habitent les étables.

Les chemins publics ou particuliers, et bordés de haies, doivent être considérés comme un moyen de communication entre les champs d'un seul propriétaire, et non comme des limites de séparation interposées entre ces mêmes champs, à moins que les circonstances n'en décident autrement.

La communication entre les champs et la ferme est établie d'une manière plus sûre et plus commode, et la séparation avec les voisins mieux fixée, lorsque les points de contact sont déterminés par des haies difficiles à franchir. La méthode de former des chemins qui tiennent lieu de limites, peut être plus agréable à l'œil ; mais on doit toujours préférer les démarcations tracées par les haies.

Il faut, autant qu'il est possible, placer

les chemins aux extrémités des pièces de terre,
c'est-à-dire sur les lisières des haies, vis-à-vis
desquelles on tourne la charrue en labourant.
On placera les ouvertures pratiquées dans les
haies, de manière à ce que les lisières inté-
rieures et extérieures puissent servir de che-
min, et qu'on ne soit pas obligé de passer à
travers les champs. Les ouvertures ne doivent pas être trop voisines les unes des autres,
ni trop près des angles formés par les haies,
afin que les charrettes puissent tourner facilement à droite et à gauche. On se servira de
claies ou de barrières pour fermer les ouvertures. Ce moyen rendra faciles la conservation des moissons et la dépaiscence des bestiaux. Ces précautions peuvent paroître mi-
nutieuses ; elles tendent cependant à prévenir
une foule d'inconvéniens ; et elles favorisent
puissamment l'industrie. Nous croyons inutile
de faire sentir la nécessité de pratiquer des
mares ou réservoirs d'eau dans chaque pièce
de terre, ou bien d'en placer une seule de
manière qu'elle puisse servir à plusieurs enclos [1]. Il est bon de faire ces diverses obser-

---

[1] Les réservoirs d'eau sont d'une grande importance
dans les pays où, comme en Angleterre, les bestiaux
restent habituellement dans les champs. Il seroit incom-

vations

vations avant de déterminer la situation des bâtimens ruraux ; mais le grand objet qu'on doit sur-tout avoir en vue , c'est un emplacement central , duquel toutes les parties de la ferme puissent être facilement observées.

Le *point d'observation* du général Bentham est en ce genre un modèle de perfection , qu'on doit chercher à imiter autant que le permettent les localités. J'avois construit une ferme et ses dépendances d'après les mêmes vues , et avant que j'eusse le bonheur de faire la connoissance du général ; mais ses observations m'ont confirmé dans un système de construction qu'il a beaucoup perfectionné. On doit apporter le même soin et la même intelligence dans l'emplacement, la direction et la distribution des eaux.

Planc. XXI. Plan de la maison du fermier.

Planche XXII. Plan de la même maison, réduit à une moindre échelle , avec ses dépendances. Ces plans représentent les constructions que j'ai exécutées en dernier lieu ,

mode et dispendieux de transporter chaque jour, et souvent à de grandes distances, l'eau nécessaire pour abreuver les animaux , ou même de conduire les troupeaux à la ferme ou aux abreuvoirs les plus voisins. *L.*

M

afin de faciliter la surveillance sur toutes les parties de la ferme. La femme du fermier, qu'on suppose devoir surveiller les travaux de l'intérieur, occupe la pièce D, et se tient habituellement au point x (*Planche XXI*). Elle a sous sa vue la chambre aux provisions G, le passage F où l'on serre la batterie de cuisine, et le garde-manger I : ces différentes pièces ayant des portes vitrées, elle peut voir, lorsque la porte est ouverte, dans la chambre K où travaillent les couturières, les tailleurs, et où se tiennent les enfans. On peut inspecter la laiterie, la porte de derrière et l'escalier, par le moyen de deux fenêtres posées aux deux angles de la laiterie. Celle qui donne sur la cuisine E, permet de surveiller les domestiques et la porte qui donne sur le jardin. Il est facile, dans cette distribution, de porter la vue sur les diverses pièces qui composent le rez-de-chaussée. On peut enfin, de ce seul point, observer ce qui se passe (*Planche XXII*), dans la cour, dans les granges, auprès des meules, etc. et même dans le jardin, à travers les deux fenêtres placées dans la cuisine vis-à-vis l'une de l'autre.

Le point central d'inspection que nous

avons désigné, sera d'autant plus commode pour le fermier, qu'il lui sera facile, en cas de maladie, de savoir par lui-même si les travaux sont bien exécutés. Si le fermier et sa femme sont doués d'un bon naturel et d'un jugement sain, les domestiques se porteront naturellement au travail, lorsqu'ils verront que leurs efforts et leur zèle sont appréciés.

La pompe, ainsi qu'on le voit dans les *Planches XXI* et *XXII*, est située de manière que l'eau puisse se porter facilement par-tout où il en est besoin ; à savoir dans les chaudières, dans les étables à cochons, dans la cour et le jardin. La bière qu'on fabriquera dans la cuisine *C*, sera conduite dans le cellier, au-dessous de la chambre *K*, par le moyen d'un tuyau disposé à cet effet. Les différentes opérations qui exigent du feu, et qui sont très-multipliées dans une ferme, s'exécuteront dans la pièce *C*, voisine de la pompe, et placée à la plus grande distance possible des bâtimens.

Dans la *Planche XXII*, les étables à porcs, N°. 12, sont situées près de la pompe, et près de la cuisine, de sorte que l'eau de vaisselle peut être facilement conduite dans la cour aux cochons, par le moyen d'un tuyau qui

passe à travers la muraille. 11, hangar ou
abri pour les veaux ; 10, étable à veaux attenante à l'étable à vaches 9, destinée pour
les vaches qui nourrissent ; 8, magasin à
paille ; 7, étable à vaches, double ; 6, magasin à paille ; 5, étable à vaches, simple,
avec une entrée sur une des parties latérales
de la grange, où l'on peut tenir les veaux
à l'entrée du printemps, lorsque les granges
commencent à être moins garnies. Ces animaux, alors avancés en âge, jouiront ainsi
d'une plus grande liberté. 4, 3 indiquent des
granges séparées ; 2, porte d'entrée qui
forme une séparation entre les granges, et les
rend indépendantes les unes des autres ; 13,
remise pour les charrettes, avec un grenier
au-dessus ; 14, emplacement pour couper la
paille, serrer les harnois, etc. avec l'escalier qui conduit au grenier ; 15, écurie double ; 16, écurie simple ; 17, hangar pour engraisser les bestiaux. L'eau qui s'écoule du
fumier placé dans la cour, est dirigée à l'extérieur des bâtimens par un conduit pratiqué
sous la pièce 14. Il est facile de réparer ce
conduit sans endommager les bâtimens. L'é-
minence sur laquelle cette ferme est construite, forme un carré long, de sorte qu'il

n'a pas été possible de donner aux bâtimens plus d'étendue du côté droit ou du côté gauche, et de rapprocher les granges de l'habitation, comme je l'eusse désiré. Mais j'ai lieu, ainsi que mon fermier, d'être satisfait de cette disposition dans les bâtimens. Les frais de construction, non compris le chariage des matériaux, montent environ à la somme de mille livres sterlings, dont il m'est payé cinq pour cent d'intérêt, d'après un accord fait avec mon fermier.

La *Planche XXIII* représente une construction rurale, située à quelque distance de la maison habitée par le fermier.

A indique un abri avec des stalles, où l'on met les bœufs qu'on destine à l'engrais ; *B*, magasin pour serrer les navets ou raves, qui communique avec un des côtés de la grange *C*, et dans lequel on peut mettre les provisions d'hiver. Un des côtés de la grange, situé à l'angle du bâtiment *C*, communiquant avec l'étable à vaches *E*, peut servir au besoin à loger les veaux qu'on élève. L'autre côté de cette même grange, ayant une porte sur la cour, servira de dégagement à la grange ; il pourra aussi être employé à la tonte des bêtes à laine ; *E*, étable à vaches ; *G*, étable à veaux; *K*, étable à bœufs; *F*, lieu pour mettre les racines ou le fourrage; *I*, grande écurie; *K*, pièce où l'on coupe la paille, etc. au-dessus de laquelle est une petite chambre à lit : on y monte par le moyen d'un escalier qui conduit aussi au grenier, situé sur la remise *L*; *M*, petite étable; *NN*, deux écuries pour les poulains : les portes extérieures servent d'entrée à ces animaux. La partie qui regarde la cour, est fermée par des claire-voies qu'on enlève lorsqu'on veut nettoyer les écuries; *O*, poulailler : la volaille peut aller sur le toit de l'étable à porcs, qui est environné d'un treillage en fil-de-fer; *P*, étables à porcs, avec des auges surmontées de couvercles, et avec un grand réservoir en pierre, ayant un couvercle en bois : le réservoir sert à conserver un certain temps la drèche et les autres alimens qu'on réserve pour les cochons; *R*, petite mare avec une loge pour les oies. On voit sur la gauche un espace triangulaire en claire-voie, dans lequel on peut donner la nourriture aux jeunes cochons, sans craindre qu'ils ne soient molestés par les bestiaux. Il est même possible de donner en ce lieu la nourriture aux volailles, en faisant sortir les cochons, de manière à ce que ces deux espèces d'animaux puissent y venir chercher alternativement leur nourriture.

X et Y désignent les rigoles qui conduisent les eaux de la cour au tas de compost II. Si l'on a soin de remuer et de retourner fréquemment ces fumiers composés de diverses substances, on se procurera un engrais dont la bonté égale presque celle du fumier ordinaire. Il est important de ne point négliger cet adage d'économie rurale : *Rien ne doit être perdu*. I indique le principal abreuvoir ou réservoir pour les eaux. III, IV, espace entouré de murs, et réunissant deux cours, dont l'une sert à placer le bois, et l'autre la paille. Le bâtiment qui contient le bois doit avoir un toit pareil à ceux que l'on construit sur les meules. Le plancher des meules, de forme circulaire, et celui de l'un des tas, de forme parallélipipède, doivent être assez élevés de terre pour offrir un abri aux moutons dans la saison des neiges. Comme on suppose que le quatrième emplacement est muni de fourrage, les moutons pourront y prendre leur nourriture, sans se coucher ni marcher sur ce fourrage ; car ils ne prendront que la quantité dont ils ont besoin , et ne feront aucun tort au reste du tas.

Les formes circulaires des tas de blé , et leurs ombres qui se portent sur les tas voisins , produisent un effet agréable , qui ne doit pas être négligé lorsque cette jouissance n'exige aucun sacrifice.

Il est deux choses à observer relativement à une ferme appartenante à un propriétaire qui jouit d'une certaine aisance : d'abord , quelle est la situation la plus avantageuse à une habitation rurale , sous le rapport des convenances ; et en second lieu, quels sont les moyens par lesquels on peut rendre une habitation plus agréable , et en faire un objet de jouissance.

Le premier point est le plus important ; car il arrive souvent que le propriétaire dont la fortune s'améliore , abandonne son habitation , lorsqu'il ne peut y rester avec agrément. Les convenances d'une maison devroient être combinées de manière qu'elles pussent suffire à la famille d'un propriétaire , lorsque celui-ci jouit du revenu total de la terre ; ou que ces convenances ne devinssent pas à charge à celui qui perdroit une moitié du revenu. On éprouve deux ou trois fois

chaque siècle, dans la même propriété, l'inconvénient qui résulte du défaut de convenance dont nous nous plaignons. Il est donc
important de ne point perdre cette observation de vue, lorsqu'on fera construire une
ferme. Un propriétaire qui trouvera ses convenances dans une habitation rurale, se déterminera plus facilement à y résider ; et sa présence sera d'un grand secours aux progrès de
l'agriculture.

Quant à la seconde observation, on demande à savoir si une ferme doit être vue, ou
non, de l'habitation occupée par le propriétaire. Je suis pour l'affirmative. L'abbé Delisle,
dans son beau Poëme des *Jardins*, a jeté des
lumières sur ce sujet. Il en coûte certainement beaucoup moins pour cacher une ferme,
que pour rendre ses alentours agréables. Cette
vue donne la vie et le mouvement aux scènes
champêtres : on aime à voir les cultivateurs
de tous les âges et de tous les sexes, lorsqu'on
contribue à leur bien-être. Une situation
rapprochée tend à réunir l'homme opulent
avec l'homme laborieux ; et cet exemple peut
être utile à plusieurs. Si un propriétaire considère sa ferme comme un objet faisant partie
des jouissances que procure la campagne,

et qu'il dispose ses constructions d'après ces vues, il se donnera de grands moyens de surveillance, et il lui sera facile de maintenir l'ordre et la bonne conduite parmi tous ceux qui l'entourent. La méthode extravagante d'élever des montagnes, de creuser des chemins, de percer des grottes dans la terre, et mille autres idées de ce genre qu'on suggère aux gens opulens, ne tendent qu'à occasionner de la dépense, et jettent autour des habitations l'aspect choquant d'une brillante solitude ; tandis qu'une distribution judicieuse de bâtimens ruraux donne au paysage la vie et l'intérêt. Cet arrangement concourt à maintenir l'union et l'accord entre les diverses classes de la société, à les resserrer par les liens de la bienveillance et de l'amitié ; et il tend à maintenir l'esprit de sociabilité qui forme en Angleterre le caractère distinctif de l'homme vivant à la campagne.

SECTION XII.

ESSAI SUR LES CONSTRUCTIONS RURALES ET LEURS DÉPENDANCES.

LORSQU'ON observe la manière dont on a construit la majeure partie des fermes dans les diverses parties de l'Angleterre, on s'aperçoit que les bâtimens manquent presque entièrement des convenances qu'il eût été facile de leur donner, si l'on eût suivi un plan systématique, et si l'on eût observé les arrangemens indispensables dans une bonne administration.

Un architecte célèbre, Vitruve, a fort judicieusement observé que, dans tout genre d'architecture, il y a trois choses absolument nécessaires ; savoir, la convenance, la solidité et la beauté. Quoique la dernière qualité ne soit pas d'une nécessité absolue dans une architecture rurale, on doit cependant porter une attention particulière sur ce qui concerne les deux premières. Nous allons donc nous en occuper exclusivement.

Les personnes qui se sont occupées d'éco-

nomie rurale ou domestique, savent combien il importe que le maître puisse observer
lui-même tout ce qui se fait dans le ménage,
ou du moins qu'il lui soit facile d'y exercer
une surveillance générale. Il doit donc être
placé de manière à pouvoir porter la vue sur
tous les points. Mais quelle que soit l'importance d'une situation déterminée d'après ces
principes, on aperçoit cependant, en examinant les constructions rurales, qu'elles portent dans leurs distributions des vices notables
et de très-grands inconvéniens. Si l'on con-
sulte les Ouvrages modernes qui ont traité
de cette matière, on trouvera qu'ils n'ont pas
suffisamment rectifié un inconvénient aussi
grave.

Voici les principes qui m'ont guidé dans
les plans de construction que je donne ici :
La chambre occupée par le maître ou la maîtresse de la ferme, lorsqu'ils ne sont ni l'un
ni l'autre attirés au dehors par des occupa-
tions particulières, doit être placée de manière à ce qu'ils puissent porter un regard
vigilant sur les travaux de l'intérieur. La
fenêtre de cette chambre doit donner direc-
tement sur chaque partie de la cour et des
bâtimens qui l'entourent. Il est nécessaire,

pour atteindre à ce but, que les bâtimens de la ferme soient placés à angles droits, ou à peu près, avec des lignes qui partiroient de la croisée de la chambre du fermier, et iroient se rendre à ces bâtimens.

Le maître ou la maîtresse peuvent ainsi, sans sortir de leur chambre, avoir une inspection immédiate sur la grange, sur l'écurie, sur les étables à bœufs, à vaches, à veaux, à porcs, sur le magasin à blé, etc. On peut ainsi découvrir les fautes des domestiques et des ouvriers, et y porter remède avant qu'il en soit résulté de grands maux : les ordres se donneront avec facilité, et il en résultera plus de régularité et de promptitude dans le travail.

Je vais donner des plans particuliers, afin de développer les principes que je me suis contenté d'exposer ici briévement.

J'ai pensé qu'il suffiroit pour le dessein que je me propose, de tracer un seul plan de construction pour chaque bâtiment. Il sera en effet facile à ceux qui ont la plus légère notion en agriculture, d'élever un étage supérieur, où seront placées les chambres à coucher, ou les greniers [1].

[1] On trouve dans l'original, à la suite de ce Cha-

La *Planche XXIV* représente une maison d'habitation, avec les autres bâtimens nécessaires à l'exploitation d'une ferme de trois à quatre cents arpens. On trouve indiquées sur la gravure les diverses parties dont elle est composée.

La *Planche XXV* présente le plan d'une construction rurale plus étendue que la précédente.

pitre, l'estimation des matériaux employés aux Constructions rurales, le prix des journées, les devis des ouvrages, etc. Comme ces renseignemens tiennent aux localités et aux circonstances, et qu'ils ne peuvent être d'aucune utilité aux personnes qui font construire en France, j'ai cru devoir les supprimer dans cette traduction. L'Auteur a donné sept gravures faites d'après le système d'arrangement dans lequel on conserve à la pièce occupée par le fermier, une vue sur les divers bâtimens qui composent la ferme : je retranche dans cette traduction cinq gravures qui, présentant les mêmes combinaisons variées diversement, et n'ajoutant rien à l'instruction, n'auroient servi qu'à augmenter le prix de l'Ouvrage. Ceux qui voudront adopter ce genre élégant de construction (qui cependant est plus dispendieux que la méthode ordinaire, à cause de la multiplicité de murailles qu'il exige), pourront, d'après les deux dessins que je conserve ici, faire construire sur ce modèle, en suivant d'ailleurs les renseignemens qu'ils trouveront dans le cours de cet Ouvrage. *L.*

SECTION XIII.

DESCRIPTION DES MEULES EN USAGE A WOBURN-ABBEY.

———

PARMI les améliorations de divers genres dont on s'occupe à Woburn - Abbey, et du succès desquelles j'ai été témoin, il en est une que j'ai cru digne de l'attention du Bureau d'agriculture : je veux parler des tas de blé élevés sur un mur circulaire. (Voyez *Pl. XXVI.*) Il est bien reconnu que le grain en paille se conserve avec beaucoup plus de facilité lorsqu'il est placé à l'air libre, que lorsqu'on le serre dans des granges ; et qu'on économise par cette méthode les dépenses énormes employées ordinairement dans la construction de ces vastes bâtimens [1].

[1] Les dépenses et les pertes qu'entraîne la méthode de construire des granges , doivent être énormes pour le public, si, comme on l'assure, il y a dans le royaume vingt mille granges, parmi lesquelles on en compte même dix mille de la première grandeur, qui coûtent chacune la somme de deux cents guinées, et s'il se perd

Nul doute donc que cet objet dont le public peut retirer de si grands avantages, ne soit digne d'une attention particulière.

- J'ai appris que cette méthode a été adoptée par M. Bakewel, et par les cultivateurs de son voisinage ; elle n'est en usage à Woburn que depuis deux ans. On peut construire, d'après le même principe, les tas parallélogrammes, quelque grandeur qu'on veuille leur donner. Mais il est préférable de donner aux petits tas une forme octogone, par la raison que les solives nécessaires à la construction du plancher, peuvent être prises sur un bois moins âgé, et qu'elles donnent moins de déchet que celles dont on se sert dans les formes circulaires : il est d'ailleurs aussi facile d'élever un tas sur une forme octogone que sur une forme circulaire. La dépense de construction ne surpasse pas de beaucoup celle qu'exigent les cadres en charpente, sur lesquels on pose ordinairement les tas de foin ou de paille, sur-tout lorsque ceux-ci sont posés sur des piliers surmontés de pla-

annuellement dans chacune de ces granges du grain pour la somme de cinq guinées, et même pour celle de dix.

teaux,

teaux ; le tout en pierre ; il est d'ailleurs probable qu'une muraille aura plus de solidité.
Comme la muraille doit avoir des fondations ,
et que le rebord du plancher outre-passe
cette muraille de cinq pouces et demi , il est
impossible que les animaux s'introduisent
dans le tas , excepté dans le cas où l'on po-
seroit quelques matières contre les murs , ou
qu'on laisseroit pendre de la paille en faisant le tas , ou après qu'il est construit. Il
seroit plus avantageux , dans les lieux où la
maçonnerie est peu dispendieuse , de construire en pierre une plate-forme qui servi-
roit de plancher. Dans le cas contraire , si
l'on craint que les animaux destructeurs ne
pénètrent au-dessous du sol , on formera
dans l'intérieur un pavé en brique ou en
dalles [1].

[1] Quelques personnes recommandent les meules hol-
landaises soit pour le foin , soit pour la paille. Les poteaux qui entrent dans la construction de ces meules,
permettent de leur donner une forme régulière; et il
est facile , à cause de la construction du toit qui peut
se baisser à volonté, de retirer du tas la quantité de
foin ou de gerbes dont on a besoin, sans craindre que
ce qui reste soit endommagé. Mais les meules dont nous
donnons la description , peuvent être faites sur diffé-

rentes grandeurs et d'après la capacité de la grange à battre. Il suffira d'une toile peinte pour couvrir le tas, lorsque le mauvais temps survient au moment où l'on transporte les gerbes dans la grange.

SECTION XIV.

SUR LES CHAUMIÈRES,

ou

PETITES HABITATIONS DES GENS DE LA CAMPAGNE,

par H. HOLLAND, architecte.

On doit principalement considérer, dans la construction des chaumières ou maisons des habitans de la campagne :

1º. La situation, soit relativement à l'inclinaison du sol ou à sa nature, soit relativement à l'aspect;

2º. La distribution ou le plan des bâtimens, et la superficie de terrain qu'il convient de leur assigner;

3º. L'élévation de ces mêmes bâtimens, sous le rapport des matériaux qu'on doit y employer;

4º. Les moyens par lesquels on pourvoira au besoin d'eau ou de combustible, et la manière dont on appliquera ce combustible aux usages économiques.

C'est de ces divers points que dépendent la santé et le bien-être de l'habitant des campagnes. On doit s'attendre à d'heureux résultats, lorsque le discernement présidera à leur ordonnance ; mais il en résultera, si on les néglige, des inconvéniens majeurs, ainsi que le prouve l'état de misère et de délabrement où sont réduits plusieurs de nos villages. Comme la différence du bien au mal ne vient pas du plus ou du moins de dépense , il faut en chercher la cause ailleurs, et démontrer, ainsi qu'on se le propose ici, qu'une dépense modique, mais dont l'application est bien dirigée, suffit pour construire une chaumière, pourvue des convenances nécessaires.

La *Planche XXVII* représente le dessin de deux chaumières attenantes l'une à l'autre, et composées du nombre de pièces absolument nécessaires pour loger, chacune, une famille ; car il est plus facile de donner de l'extension à un plan de construction, lorsque les circonstances le permettent, qu'il ne l'est de le restreindre. On pourra en outre construire, d'après ce modèle, des maisons d'une grandeur quelconque.

1º. *Situation*. L'emplacement sur leque
on bâtit, doit être sec et préservé contre
les eaux de sources, ou contre celles qui
s'écoulent des terres. Il suffira à cet effet d'é-
lever le sol à la hauteur d'une marche. Le
terrain du jardin doit être de nature à pouvoir être amélioré par le travail, et dans un
espace de temps nécessaire. L'aspect le plus
favorable est celui du sud-est, ou en tournant
depuis ce point jusqu'à l'ouest. Toute autre
position doit être évitée avec grand soin. Les
positions élevées ont de grands inconvéniens,
sans aucun avantage. Un lieu bas et sec est
sans inconvéniens, et il présente tous les
avantages qu'on peut désirer.

2º. *Distribution ou plan des bâtimens, et
superficie de terrain qu'il convient de leur assigner*. Les chaumières représentées dans la
Planche XXVII, consistent en quatre pièces,
deux sur le sol, et deux au-dessus. La première, désignée *A*, sert de cuisine, de chambre, etc. Elle a une cheminée, la seule qui soit
dans la maison ; elle doit être large, et avoir
un manteau élevé, afin qu'on puisse s'asseoir
au-dessous. Le feu doit être posé sur le sol ; et
la partie de la cheminée qui s'élève au-dessus
du manteau, doit être assez spacieuse pour

recevoir la viande ou le poisson qu'on veut faire sécher. Si l'on construit un four, on en placera l'ouverture sur l'un des côtés de la cheminée, de manière à ce que ce four soit dans l'intérieur de la maison ; position qui offre des avantages dont nous parlerons plus bas.

On suspendra dans la cheminée un pot couvert, et d'une capacité suffisante pour les besoins du ménage, de sorte qu'on puisse se passer d'un chaudron, qui exige une addition de dépense, et qui consomme une plus grande quantité de combustible. La seconde pièce, désignée par *B*, sert de cellier, de boulangerie, de laiterie, etc. Il est à propos que le sol d'une pièce destinée à ces différens usages, soit baissé de seize pouces, quoique élevé au-dessus du sol extérieur, de manière à faciliter un écoulement vers le fumier, ou vers les lieux d'aisance. La chambre *C*, au premier étage, servira de logement aux enfans ; et la chambre *D* sera destinée au père de famille et à sa femme. La quantité de terres qui doit être annexée à une habitation de ce genre, sera déterminée d'après diverses considérations, telles que la qualité de la terre, l'étendue de terrain qui peut être cultivé par un journalier, sans nuire aux intérêts de celui qui l'emploie, etc.

3º. *Construction de ces mêmes bâti-mens, sous le rapport des matériaux qu'on doit y employer.* Ce point doit, sur-tout, être considéré relativement au bien-être des individus pour lesquels on construit; car l'économie peut facilement s'allier à une élégante simplicité. Il importe sur-tout que le logement soit chaud en hiver, et frais en été, et que la quantité de combustible employée soit la moindre possible, de sorte qu'il soit facile de le restreindre à celui employé dans la cuisson des alimens. Les habitans des campagnes, dans l'état actuel des choses, sont forcés, par nécessité, d'aller dérober dans les bois le combustible dont ils ne peuvent se passer : coutume qui leur est souvent funeste, et qui est toujours pernicieuse aux voisins. On obvieroit en partie à ce désordre, si l'on construisoit des murailles et des toits suffisamment épais. Les murailles peuvent être formées en pisé à l'épaisseur de vingt pouces, d'après la méthode qui a été introduite de France en Angleterre. La toiture doit être formée avec des solives ou des soliveaux façonnés à la hache, et couverte en paille. Un bâtiment construit d'après cette méthode, durera un siècle, sans avoir besoin de réparations ; il suffira de reconstruire le toit une seule fois dans cet intervalle. Cette manière de bâtir est indubitablement la plus économique, celle qui garantit le mieux du froid durant l'hiver, et du chaud pendant l'été. S'il étoit nécessaire de mettre ces maisons à l'abri des incendies, on pourroit employer la méthode donnée par lord Stanhope à la Société royale le 22 juillet 1778. Mais il n'y a aucun accident probable à craindre, si l'on se contente de réunir deux maisons ensemble, si l'on ne construit qu'une cheminée dans chaque maison ; et si cette cheminée est employée aux seuls usages domestiques. Quant aux matériaux, il suffit de faire observer qu'ils doivent être à aussi bon marché qu'il est possible. Le sol peut être formé en terre sans nul inconvénient ; il seroit mieux cependant de le paver avec des briques : le bois et la pierre ne sont nullement propres à cet usage.

On se préservera contre le feu, en construisant dans les chambres supérieures un plancher en bois, qu'on pose sur ce que lord Stanhope appelle *sous-plancher*. On sera dispensé par cette méthode de faire un plafond aux pièces inférieures. Les murailles en pisé peuvent facilement être peintes à l'imitation de la pierre : ce genre d'ornement, joint à la simplicité d'un toit en chaume, ne contribue-roit pas peu à l'embellissement de nos campagnes.

4°. *Moyens par lesquels on pourvoira au besoin d'eau et de combustible, et manière dont on appliquera ce combustible aux usages économiques.* L'eau douce et salubre est d'une nécessité indispensable. Heureux les habitans de la campagne, qui vivent sur les bords d'un ruisseau dont les eaux sont limpides ! Si l'on n'est pas situé à portée d'un ruisseau, on donnera la préférence aux eaux de source ; et à leur défaut, on aura recours à l'eau de pluie, qu'on conservera dans des citernes couvertes : on se servira de seaux pour puiser l'eau, ce moyen étant plus économique que celui des pompes. Une citerne voûtée de dix pieds de diamètre, et de dix pieds de profondeur, sera peu dispendieuse, et suffira toute l'année aux besoins de vingt chaumières. Le dernier moyen de se procurer de l'eau, et le moins salubre de tous, est de creuser un puits profond en terre, principalement dans les sols argileux. Des eaux abondantes contribuent à la santé et à la propreté : il est donc à espérer qu'on évitera avec soin les lieux qui en sont dépourvus.

Le combustible est, après l'eau, un objet absolument nécessaire à notre existence ; ou du moins il est devenu tel par l'habitude. Si les maisons sont construites avec intelligence, la quantité en sera considérablement diminuée. On doit avant tout chercher les moyens de conserver la chaleur qui s'élève au-dessus du foyer, en l'appliquant à quelques usages domestiques. Si la cheminée a une certaine largeur, et que le feu soit allumé sur un âtre au niveau du sol, si on donne une petite dimension au col de la cheminée par où la fumée est immédiatement attirée, et si le tuyau de la cheminée est élevé de cinq ou six pieds au - dessus de la partie la plus élevée du toit, ainsi que cela se pratiquoit dans les anciens bâtimens, la cheminée ne fumera point ; et l'air qui s'échappe par le sommet, n'entraînera avec lui que la quantité de chaleur nécessaire à la sortie de la fumée. Nous avons dit plus haut que le corps du four devoit être placé dans la chambre ; celle-ci acquerra par ce

moyen un degré considérable de chaleur, et
on se ménagera au-dessus du four un emplacement très-utile pour serrer les provisions
qu'on doit tenir au sec.

SECTION XV.

SUR LES CHAUMIÈRES,

ou

MAISONS DES HABITANS DE LA CAMPAGNE,

par ROBERT BEATSON.

CHAQUE habitation doit avoir un jardin dont les produits puissent suffire aux besoins d'une famille. Vingt-cinq ou trente perches de terrain bien cultivé offrent une étendue assez grande pour atteindre le but proposé; une plus grande quantité de terre tiendroit un individu dans la dépendance des fermiers.

Les constructions propres aux gens des campagnes doivent varier selon l'étendue qu'on veut leur donner, ou selon le genre d'ouvriers auxquels on les destine. On élève des maisons à une, deux ou trois chambres, rarement à quatre; elles se rapprocheroient, dans ce dernier cas, des maisons ordinaires. On construit des maisons pour les journa-

liers , pour les hommes de diverses professions, pour les charpentiers , les forgerons ,
les tisserands , etc.

Les différentes espèces de petites habitations peuvent être divisées en deux genres :
l'un simple , et l'autre orné. Nous ne traiterons ici que du premier genre , le second n'étant employé que par les gens riches , et
servant uniquement à orner les parcs , et à
varier les points de vue. Ces constructions
coûtent souvent des sommes considérables ;
mais elles embellissent singulièrement la campagne , lorsqu'elles sont ordonnées avec goût
et avec discernement. Ce que j'ai vu de plus
beau dans ce genre se trouve à la campagne
de lord Penrhyn en Cheshire ; les petites habitations , embellies par des bouquets de bois ,
y sont placées avec un goût particulier ; elles
sont situées vis-à-vis d'un jardin et d'un petit
terrain planté en groseilliers : le jasmin et le
chèvre-feuille montent le long des fenêtres ,
et forment de rians berceaux au-dessus des
portes. L'intérieur , qui est tenu avec beaucoup d'ordre et de propreté , charme également la vue et le goût.

Lord Winchilsea a fait aussi construire à
grands frais , en Rutlandshire , des chau-

mières très - élégantes et très - bien ordonnées.

Mais comme nous considérons ici les habitations des ouvriers sous les seuls rapports
des convenances , de la simplicité et de l'économie, nous passerons sous silence les objets
de pur agrément.

L'expérience a prouvé qu'un appartement
de douze pieds carrés suffit, comme pièce à
manger , à un ouvrier et à sa famille, et qu'il
est en outre assez grand pour recevoir les
meubles nécessaires. Si l'on ajoute au-dessus
de cette première pièce une chambre à coucher avec des divisions, ainsi que l'exige la
décence, ou les besoins de la famille , on aura
tout le logement nécessaire dans une petite
chaumière. C'est d'après ces principes qu'est
formée la construction dont on voit le plan
(*Pl. XXVIII*, *fig.* 1). Elle a douze pieds
de large de *A* en *B*, et seize pieds de long
de *B* en *C*, mesurée intérieurement. En pre-
nant quatre pieds sur la longueur *CD*, on
aura une pièce *ABCD* de douze pieds en
carré, et un espace *DEFC* de douze pieds
sur quatre. En divisant cet espace par la ligne
GH, on aura deux parties, dans l'une desquelles sera situé l'escalier avec un cellier ou

un petit cabinet au-dessous ; l'autre partie servira de boulangerie et de laiterie. L'étage supérieur sera ordonné d'après les plans de la
même *Planche*, *fig.* 6 et 9.

On peut prendre indifféremment, sur l'une
ou l'autre des extrémités, l'espace *D E F C*,
lorsque les chaumières sont isolées. Mais
comme on doit toujours réunir deux chaumières au moins, tant à cause de l'économie,
que par rapport aux autres avantages qui ré-
sultent de cette réunion, je pense que cet espace doit être pris sur les extrémités, afin que
le mur de séparation puisse servir d'appui
aux cheminées.

On se plaint en général que les chambres du
premier étage des maisons des habitans de la
campagne , construites dans ces derniers
temps , sont tellement chaudes en été, et si
froides en hiver, qu'on peut à peine les habiter. Cet inconvénient vient de ce que les
toits sont construits en tuiles ou en ardoises,
et de ce que les chambres sont immédiatement
sous le toit. Le moyen d'y remédier, c'est de
faire des toits de chaume, lorsque les maisons
ont un premier étage. Si les toits sont couverts
en tuiles ou en ardoises , ils seront plus agréables à la vue , et de plus longue durée : mais

alors on doit plafonner le plancher supérieur,
et ménager des ouvertures qu'on ouvrira et
fermera à volonté, afin de laisser, pendant
l'été, circuler l'air dans la partie supérieure de
la chambre, et maintenir ainsi une douce
température. On produira le même effet, en
étendant un drap blanc sur la partie du toit
exposée au soleil, ou en appliquant une couche de couleur blanche sur ce toit.

Le froid pénétrera difficilement, si pendant
l'hiver on garnit de paille les angles du toit [1].

Une diminution dans la consommation du
bois est certainement un objet de grande importance pour un journalier. Sa dépense seroit fortement augmentée, s'il étoit obligé de
faire un feu au rez-de-chaussée, et un second
feu dans la chambre à coucher au premier :
il est donc important de diriger pendant l'hiver le feu qu'on allume dans la pièce inférieure, de manière qu'il puisse échauffer la
pièce supérieure. On peut à cet effet placer le
tuyau de la cheminée vers le centre de la

[1] Ce moyen ne paroît pas devoir produire un grand
effet. La méthode de jeter un drap sur le toit est incommode ; et il est même inutile de la conseiller, puisqu'elle ne sera certainement jamais suivie par les habitans de la campagne. *L.*

pièce,

pièce , et le diriger à travers la pièce supérieure. Si ce tuyau est peu épais , ou s'il est
fait de tôle , ou pareil à ceux qu'on emploie
dans les poêles à bord des bâtimens , il donnera un degré considérable de chaleur à la
pièce supérieure. On pourroit aussi employer
un moyen qui produiroit un bon effet. On sait
que l'air qui se porte vers la partie supérieure d'un appartement dans lequel on allume du feu, a constamment un plus grand
degré de chaleur que celui de la partie inférieure.

On échauffera donc facilement la pièce supérieure , si l'on y introduit l'air inférieur. On
pratiquera à cet effet au plancher des ouvertures , où l'on posera des grilles dans les parties sur lesquelles on passe rarement , de manière à pouvoir ouvrir et fermer ces ouvertures à volonté. Ce moyen n'a sans doute jamais été mis en usage. Il peut vraisemblablement être perfectionné ; et il est digne d'attirer l'attention , si toutefois il contribue au
bien-être des habitans de la campagne.

Comme le moindre espace est important
dans une petite habitation , et que l'escalier
doit en occuper le moins possible, nous allons
faire connoître une invention remarquable

O

et peu commune, qui a été exécutée dans une chaumière appartenante à un particulier respectable du Cheshire. Cet escalier demande la moitié moins de place que n'en occupent les escaliers ordinaires, ainsi qu'on va le concevoir par l'explication que nous allons donner. La *fig.* 2 de la *Pl. XXVIII* représente l'escalier vu de face. La largeur de *C* en *D* est de deux pieds cinq pouces : *a* est le premier degré haut de sept pouces et demi, sur lequel pose le pied gauche : *b* est le degré qui sert de repos au pied droit ; il est situé sur la même ligne que le précédent, et il a sept pouces et demi de haut. On pose ensuite le pied gauche sur le degré *a*, puis le pied droit sur *b*, et ainsi alternativement, jusqu'à ce qu'on soit parvenu au sommet. Les gradins qui servent au pied droit, ainsi que ceux du pied gauche, étant sur la même ligne, et le mouvement de chaque pied élevant à sept pouces et demi, le mouvement successif des deux pieds élèvera à la hauteur de quinze pouces, ainsi qu'on peut le concevoir plus facilement par la *fig.* 3 qui représente l'escalier vu de côté. Les lignes ponctuées indiquent les degrés du côté gauche, et les lignes continues, les degrés du côté droit. Supposons que, dans un escalier de ce genre, chaque degré ait neuf pouces de large, et que l'élévation d'un pied respectivement à l'autre soit de sept pouces et demi ; il est évident, d'après cette supposition, que le mouvement successif des deux pieds portant celui qui monte l'escalier à une élévation de quinze pouces, on parviendra, par le moyen d'un escalier construit d'après ce principe et avec six degrés, à une hauteur égale à celle où l'on ne seroit parvenu qu'avec douze dègrés dans un escalier ordinaire, et qu'il suffit dans ce genre de construction que l'ouverture du plancher ait la moitié des dimensions nécessaires dans un escalier de douze marches. En ménageant ainsi l'espace, on pourra donner, toutes choses égales d'ailleurs, plus de grandeur aux chambres, avantage qui ne doit pas être négligé.

Il est difficile de prendre des dispositions favorables à la décence, lorsque la famille qui occupe une petite habitation est nombreuse, et sur-tout lorsqu'elle est composée de filles et de garçons. On peut cependant atteindre à ce but en donnant aux lits une position différente de celle où on les trouve communément. Je conseillerois donc de placer les lits les uns au-dessus des autres. Il faut, lorsqu'on croit devoir séparer les garçons des filles, placer l'entrée des lits à des côtés opposés; les enfans des deux sexes se trouveront ainsi séparés; et ils seront logés, d'après le plan dont nous allons donner la description, aussi convenablement, que s'ils occupoient des pièces séparées.

Il est avantageux, ainsi qu'il a déjà été dit, de réunir deux chaumières ensemble. On doit aussi ajouter un premier étage au rez-de-chaussée. Quelques personnes ne partagent pas ce dernier sentiment; mais ce qui m'engage à l'adopter, c'est qu'une chambre à coucher au premier étage est plus saine que si elle étoit au rez-de-chaussée : le toit d'une maison étant d'ailleurs la partie la plus chère dans les constructions, on diminuera de beaucoup l'étendue de toiture à faire, et même de maçonnerie, en élevant un premier sur le rez-de-chaussée.

La méthode la plus économique de construire les habitations est subordonnée à la nature et à la proximité des matériaux. Si l'on trouve en abondance des pierres sur les lieux, on doit s'en servir, non-seulement à raison de l'économie, mais encore à raison

de la bonté des matériaux. Les chaumières
construites en briques sont les plus dispendieuses. Il existe un genre de construction
en terre , très-économique et très-convenable aux habitans des campagnes. Les terres
franches sont en général très-propres à ces
constructions. Si le sol est léger et sablonneux,
on lui donnera les qualités qu'il doit avoir ,
en ajoutant de l'argile. La terre trop argileuse
ne convient point : elle n'est pas susceptible
de recevoir une compression convenable ;
et elle se fend en séchant. Les murailles
en terre ne peuvent être solides qu'autant
qu'elles ont été fortement battues.

Il y a à Scarsbrick-Hall dans le Lancashire
un mur de jardin , et une construction à deux
étages, attenante à la maison de M. Eccleston,
qui ont été très-bien exécutés d'après cette
méthode. Ces murs , étant bien unis et blan-
chis , ressemblent aux murailles de pierres.
Un ouvrage de cette nature est peu coûteux ,
et très-convenable aux chaumières , lorsqu'il
est fait avec intelligence.

On construit en Cornouaille des murs avec
une terre propre à la fabrication des briques.
On leur donne la hauteur et la largeur con-
venables. On les laisse sécher suffisamment ;

on les garnit intérieurement et extérieurement de broussailles ou de combustibles auxquels on met le feu. On dit que les murs
acquièrent la solidité de la brique lorsque
l'opération a été bien exécutée. On taille
ensuite les portes et les fenêtres , et on élève
les tuyaux de cheminée en brique ou en
pierre.

Le comte de Winchilsea , toujours disposé
à tenter des expériences , ou à encourager les
projets utiles au public, a construit avec des
briques crues , d'après l'avis d'un architecte,
une maison qui s'est écroulée peu de temps
après [1]. Si l'on eût dans cette circonstance
employé la méthode de Cornouaille , en
mettant le feu au combustible entassé contre
les murailles, il est probable que la maison
auroit acquis un degré de solidité pareil à
celui que l'on donne aux murs de terre cuite :

[1] Quoique l'essai dont il est parlé ici n'ait pas réussi,
on auroit tort d'en conclure que ce genre de construction soit impraticable. On construit des maisons avec
des briques crues dans plusieurs de nos départemens,
entr'autres en Champagne. J'ai vu la même méthode
employée sur divers points de l'Allemagne. Quoique le
pisé doive en général être préféré aux briques crues , il
est cependant des circonstances où cette dernière méthode peut être employée avec avantage. L.

mais alors il vaut mieux lier les briques avec de l'argile qu'avec du mortier.

Les toits les plus économiques sont ceux qu'on fait avec de la paille, ou mieux encore avec une espèce de forts roseaux qu'on trouve dans quelques cantons. Les toits en roseaux se conservent un grand nombre d'années, sans exiger de réparations.

Il existe un genre de toit encore plus économique, mais peu connu : il est fait avec du papier brun bien goudronné ; il est très-léger ; et si on apporte dans sa construction le soin nécessaire, on en retirera de grands avantages dans différentes circonstances [1]. Il y a à Dumfermling dans le canton de Fife une église dont le toit est fait avec du papier. Ce toit existe depuis cinquante ans environ ; et il exige très-peu de réparations : il suffit de le goudronner tous les six ou sept ans. L'église est longue de soixante-dix pieds, et

[1] On a essayé en Suède, il y a plusieurs années, de couvrir les maisons avec un carton, dans la composition duquel il entroit de la pierre pilée, du goudron, etc. J'ai vu, près de Stockholm, un toit fait avec ce carton, qui existoit depuis trente ans. Il paroît cependant que cette méthode offroit peu d'avantages, puisqu'elle a été abandonnée. *L.*

large de cinquante. Le toit, qui est uniquement soutenu par les murailles placées à ces distances, n'a coûté, lors de sa construction, que quatorze guinées, non compris les frais de charpente : dépense assurément bien modique, lorsqu'il s'agit de construire le toit d'un bâtiment aussi spacieux.

Le plancher d'une chaumière est un objet de dépense. On peut diminuer les frais dans plusieurs lieux, en adoptant les planchers faits en plâtre, ainsi qu'on l'a déjà fait observer dans cet Ouvrage. Ce genre de plancher est très-convenable aux chaumières. Il conserve mieux la chaleur que ne font les planchers ordinaires, et il doit communiquer une douce température à la pièce supérieure lorsque l'appartement inférieur est échauffé.

Nous allons donner la description de différentes chaumières construites d'après les principes établis dans ce Chapitre. L'extérieur de ces maisons peut être varié selon la position où elles se trouvent : on doit donc consulter le local, ou le point de vue ; car ce qui plaît dans certaines circonstances peut ne pas convenir dans d'autres ; le goût et l'imagination du constructeur doivent décider sur ce point.

EXPLICATION DES PLANCHES XXVIII et XXIX.

PLANCHE XXVIII. Les *fig.* 1, 2 et 3 ont été expliquées.

Figure 4. Elévation d'une chaumière.

Fig. 5. Plan de la même chaumière. *A*, escalier, au-dessous duquel est un petit cabinet. *B*, boulangerie et laiterie. *C*, cheminée, à côté de laquelle on peut construire un four *D*.

Fig. 6. Plan du premier étage. *E*, appartement du maître et de la maîtresse. *F*, lit pour les filles. *G*, lit pour les garçons.

Fig. 7. Elévation d'une autre chaumière.

Fig. 8. Plan de son rez-de-chaussée. *A*, porte. *B*, boulangerie. *C*, escalier. *O*, four qui se prolonge hors des murs : il doit être préservé de l'humidité par le moyen d'un bon toit.

Fig. 9. Plan du premier étage. *D*, appartement pour le maître et pour la maîtresse. *E*, deux lits l'un au-dessus de l'autre. L'entrée du lit pour les filles est du côté *F*; et celle des garçons du côté *G*. On pourra loger, en construisant les lits d'après ce plan,

une famille nombreuse dans une petite chambre.

Planche XXIX, *fig*. 1. Elévation de deux chaumières réunies. Les tuyaux de cheminées sont appuyés sur le mur de séparation.

Fig. 2. Plan du rez-de-chaussée des deux chaumières. *AA*, escaliers. *BB*, boulangeries ou laiteries. *CC*, fours.

Fig. 3. Plan du premier étage qui indique différentes manières de placer les lits. *D*, appartement pour l'homme et la femme. *E*, lits placés les uns au-dessus des autres, avec des entrées sur des côtés différens.

SECTION XVI.
SUR LES CHAUMIERES;
par A. CROCKER.

Comme il est probable que la pétition relative à la clôture des terrains vagues, présentée à la Chambre des communes sous les auspices du Bureau d'agriculture, sera tôt ou tard convertie en loi, et qu'il faudra alors construire des habitations proportionnées aux petits lots de terre qui échoiront aux différens particuliers, nous avons cru devoir soumettre à l'examen du Bureau trois plans de maisons construites avec des matériaux différens.

La première habitation a des murs faits avec de la terre délayée dans l'eau, et bien mélangée avec de la paille. On pose ce mélange couche par couche, en élévant les murs à la hauteur convenable. Ce genre de construction est assez généralement employé dans les comtés occidentaux, et même dans différentes autres parties du royaume, non-seulement pour les chaumières, mais encore pour des maisons plus considérables, pour des granges, etc. Ces habitations sont les moins coûteuses; elles offrent des logemens sains et à l'abri de toute humidité.

Le second genre d'habitation se construit en élevant à la hauteur de deux pieds un mur en pierre, sur lequel on pose une forte pièce de bois. On établit sur ce bois des solives à la distance de deux pieds; l'on fixe d'une solive à l'autre de petites pièces de bois distantes de six ou sept pouces; et l'on remplit les intervalles avec de la terre bien mélangée de paille : le tout est recouvert d'une couche de mortier. Cette méthode est employée dans les lieux où la pierre est rare, ou bien lorsqu'on vise à l'économie.

Le troisième genre de construction consiste à élever des murailles en grosse maçonnerie, qu'on recouvre quelquefois avec du plâtre ou du mortier. Quoique ce genre soit moins économique que les précédens, il est cependant le plus solide, et celui qu'on doit préférer, lorsque le transport des matériaux n'est pas trop dispendieux.

Planche XXX. La *fig.* 1 représente une petite chaumière dont les murs sont en terre. Le sol est pareillement formé de terre bien battue. On peut éclairer l'intérieur par les extrémités.

Fig. 2. Représente une chaumière construite sur une plus grande échelle.

Fig. 3. Chaumière avec différentes convenances, qu'on peut construire en maçonnerie grossière.

M. J. Wood, architecte à Bath, a jeté, dans un Ouvrage intitulé : *A series of plans for cottages*, de grandes lumières sur la construction des habitations des gens de la campagne ; et il a posé les sept principes suivans, dont il ne faut pas s'écarter, si l'on veut éviter les inconvéniens qu'on remarque ordinairement dans les constructions de ce genre.

1°. Il observe que les maisons doivent être *saines et à l'abri de l'humidité* : il conseille de porter le sol du bâtiment à une élévation de six pouces au-dessus du sol naturel [1] ; de

[1] J'ai habituellement observé que dans les étés humides, ou pendant l'hiver, les murailles des maisons où l'on n'avoit pas pris les précautions que nous indiquons ici, étoient imprégnées d'humidité à la hauteur d'une aune.

poser les maisons sur un sol ouvert et légérement incliné ; de donner au moins huit pieds
d'élévation aux appartemens , afin que l'air
y circule plus librement ; enfin de ne point
placer les chambres immédiatement sous le
toit.

2°. Elles doivent être *chaudes* , *commodes*,
et *agréables*. Il faut donner aux murs une
épaisseur convenable , afin d'être préservé
du froid pendant l'hiver , et des chaleurs ex-
cessives durant l'été ; c'est-à-dire qu'ils doivent avoir au moins une épaisseur de seize
pouces , si on les construit en pierre. La
porte d'entrée doit être précédée d'un couvert ou abri , de manière que le vent ne
puisse pénétrer immédiatement dans la pièce ,
lorsqu'on en ouvre les portes. Cette précaution est sur-tout essentielle lorsque la porte
d'entrée donne sur une chambre à coucher.
Les chambres doivent recevoir la lumière du
côté de l'est ou du sud , ou d'un point compris entre l'est et le sud ; car , si les fenêtres
sont placées vers le nord , l'habitation sera
froide et désagréable ; si elles regardent l'ouest,
la chaleur occasionnée par les rayons du
soleil , deviendra insupportable , dans les soi-
rées d'été , aux ouvriers accablés par le tra-

vail. Des fenêtres placées du côté de l'est ou du sud donneront au contraire une température agréable et salutaire. L'ouvrier sait, ainsi que l'homme opulent, apprécier les sensations agréables. Il éprouvera donc un sentiment de plaisir, en rentrant dans une habitation chaude, commode et agréable.

3°. Une maison doit être pourvue des *convenances nécessaires*. La porte d'entrée sera précédée d'un vestibule ou local qui servira d'abri, et dans lequel l'ouvrier placera ses instrumens. On construira une boulangerie, un bûcher et des lieux d'aisance ; cette dernière partie de l'habitation étant nécessaire pour maintenir la propreté et la décence. On placera convenablement les fenêtres, les portes, et les cheminées. Les marches des escaliers auront au moins trois pieds de long ; elles seront élevées de huit pouces au plus, et elles porteront neuf pouces de large au moins. Les dimensions d'une maison doivent être déterminées d'après le nombre de personnes qui doivent l'habiter. L'on construira une pièce réservée aux chefs de la famille, une seconde pièce pour les garçons, et une troisième pour les filles. Il est affligeant de voir un homme avec sa femme et une demi-douzaine d'enfans entassés dans une même chambre, et souvent dans un même lit. Cet état de misère est porté à son comble, lorsque la mère de famille est en couche, lorsqu'un individu tombe malade, ou qu'il vient à mourir. La décence n'est pas choquée lorsque des enfans au-dessous de neuf ans, couchent dans la même chambre avec leurs parens, ou lorsque les filles et les garçons occupent le même lit ; mais il faut les séparer, lorsqu'ils ont atteint l'âge de neuf ans.

4°. Les chaumières ne doivent avoir que douze pieds de large, mesurées intérieurement [1] ; car les murs pourroient s'écarter, si les solives qui forment le toit avoient une portée plus considérable.

5°. Une chaumière ne doit pas être placée isolément : elle doit être construite dans le voisinage d'une autre chaumière ; ou même elles doivent être accolées deux à deux, afin

[1] Douze pieds de large suffisent pour une chaumière; de plus grandes dimensions appartiennent à une maison de particulier vivant dans une certaine aisance. Il faut alors employer des bois plus longs et plus forts, soit à la toiture, soit aux planchers ; inconvénient qui, augmentant de beaucoup la dépense, doit être soigneusement évité.

que

que les habitans puissent s'assister mutuellement en cas de maladie, ou de tout autre
accident.

6°. Les chaumières devant être construites
avec économie, il est important de soigner
leur construction et d'y employer les meilleurs
matériaux. Le mortier sera bien mélangé ; et
il contiendra la quantité de chaux nécessaire.
Les murs formés avec des cavités sont peu
solides; et ils servent de retraite aux animaux
destructeurs. Les bois gâtés ou de mauvaise
qualité occasionnent la ruine des bâtimens.
Quoique l'élégance ne soit pas l'apanage des
chaumières, on peut cependant les embellir
en les construisant avec régularité, et en
former ainsi un des plus beaux ornemens de
la campagne.

7°. On réunira à chaque chaumière une
pièce de terre d'une étendue proportionnée
au nombre de ceux qui doivent l'habiter.
Elle sera située dans le voisinage d'une source,
objet très-important, et qui doit être remplacé
dans de certaines circonstances par les eaux
d'un puits.

Je ne saurois trop recommander de suivre,
dans la construction des petites habitations,
les principes qui viennent d'être exposés. Les

P

habitations peuvent être divisées en quatre classes. La première comprend les maisons à une chambre ; la seconde , celles à deux chambres ; la troisième , celles à trois chambres ; la quatrième , celles à quatre chambres. M. Wood a donné sur ces diverses constructions des plans qui sont très-recommandables sous le rapport des formes.

SUPPLÉMENT AU TRAITÉ

SUR

LES CONSTRUCTIONS RURALES,

PAR C. P. LASTEYRIE.

SECTION XVII.

SUR DIVERSES MANIÈRES DE CONSTRUIRE LES GRANGES A BLÉ OU A FOURRAGE.

COMME l'usage des meules est peu répandu en France, et que la plupart des cultivateurs donnent la préférence aux bâtimens, je vais décrire, dans ce Chapitre, deux espèces de granges qni peuvent être construites avec avantage.

La première a été nouvellement imaginée en Angleterre ; et elle commence à devenir commune dans un de ses comtés de l'ouest.

La *figure* 1 de la *Planche XXXI* représente la coupe transversale de cette grange.

P 2

Il faut, pour sa construction, un terrain incliné, indiqué par les surfaces *A B*. L'exposition du midi doit être préférée à toute autre, comme étant plus chaude et moins humide.

On enlève l'espace de terre figuré par l'angle *A C B*. *E F* indique l'aire ou plancher de la grange. *A*, l'entrée de la grange. *C B*, le sol de la pièce au-dessus de la grange. Cette pièce ou étable sert à loger les vaches, les bœufs, etc. *A C* est le mur du nord, appuyé contre le terrain. Le mur du nord et ceux des côtés sont construits en maçonnerie pleine; celui du midi, *E B*, est formé par des arcades à jour [1]. La grange et l'étable au-dessous sont construites sur les mêmes dimensions : elles ont seize mètres de long, et six mètres de large. La hauteur de la muraille adossée au terrain est de cinq ou six mètres, non compris les fondations. La pièce inférieure donne

[1] Les murs en arcade qui peuvent être employés dans diverses circonstances, sont moins dispendieux que les murailles ordinaires, en ce qu'ils exigent moins de maçonnerie, et qu'ils ne demandent pas la même étendue de fondemens. Il sera facile, dans le cas où l'on auroit besoin d'un bâtiment clos, de remplir les espaces compris entre les arcades, par des torchis légers, ou par des murs de peu d'épaisseur.

un abri commode et chaud , où il seroit avantageux de conduire par des tuyaux les eaux des hauteurs voisines. On place des crèches contre les deux murs de côté , et contre celui du nord. Une grange faite sur ce principe , sera peu exposée aux ravages des animaux dévastateurs , et aux mauvais effets de l'humidité. Enfin , ce genre de construction est peu coûteux ; et il a le double avantage de réunir sous un même toit deux espèces de bâtimens nécessaires dans une ferme , et souvent très-dispendieux.

Si l'on conserve le blé en meule, ainsi qu'il est convenable de le faire , cette grange sera suffisante pour les besoins d'une grande ferme ; et elle pourra contenir la quantité de blé nécessaire au battage journalier. Ces granges conviennent sur-tout aux fermes où les machines à battre ne sont pas en usage.

On trouve dans quelques départemens, tels que ceux de l'Ardèche et du Mont-Terrible , des granges construites sur le principe de celle dont je viens de donner la description. Les charrettes chargées de foin ou de paille, entrent dans ces granges pour y être déchargées. Le rez - de - chaussée sert d'étable pour les bœufs , pour les chevaux et pour les autres bestiaux. Ces granges, qui peuvent être adoptées avec avantage dans les pays où le bois est commun, seroient trop dispendieuses partout ailleurs, à cause des planchers solides qu'elles exigent.

Je conseillerois aux cultivateurs qui ne pourroient se procurer du bois à peu de frais, de donner la préférence à un genre de construction que j'ai vu pratiqué assez généralement en Suède et en Norwége, et qui est moins dispendieux que les précédens. Il a en outre l'avantage de faciliter et d'accélérer le déchargement des gerbes ou des fourrages, ainsi que le placement qu'on doit en faire dans la grange.

Les granges dont je parle n'ont qu'un rez-de-chaussée, excepté à la partie mitoyenne dans laquelle on construit un plancher *A B*, *fig.* 2 et 3 de la *Planche XXXI*, qui se prolonge sur la largeur totale de la grange, à la hauteur de deux ou trois mètres. Il doit être assez large pour recevoir une charrette chargée de foin ou de paille, et pour donner passage aux chevaux sur l'un des côtés de la voiture. La coupe longitudinale de la grange est représentée par la *fig.* 2 de la même Planche. *A C* et *BD*, murailles en pierre ou en bois, qui supportent le plancher. *E E*, deux barrières élevées à la hauteur d'appui sur les côtés du plancher. Ces barrières faites avec des planches rapprochées les unes des autres, servent non-seulement à prévenir les accidens qui pourroient avoir lieu, mais encore à contenir le grain lors du battage. Le pont par le moyen duquel les charrettes sont conduites sur le plancher, est construit en bois ou en pierre, ainsi que nous l'avons dit au sujet de la grange décrite plus haut.

On voit dans la *fig*. 3 la coupe transversale de la grange, avec le pont *B C* qui conduit sur le plancher *A B*. La rampe est indiquée par les *lettres A B D E*.

On peut, si on le juge convenable, ménager sous le pont un emplacement *F*, qui sera très-propre à conserver, durant l'hiver, les racines qu'on destine aux bestiaux.

Lorsqu'on a une grange ainsi disposée, on conduit la charrette sur le plancher ; on la décharge en jetant les gerbes sur les deux côtés de la partie inférieure de la grange ; et l'on forme les tas à l'ordinaire. On évite ainsi le travail qu'exige le placement des gerbes à une certaine élévation, puisque la grange se trouve remplie dans toute son étendue à la hauteur de deux ou trois mètres , avant que les tas aient été élevés au niveau du plancher.

La situation de cette grange sera déterminée d'après la disposition du terrain , et d'après les convenances qui doivent concourir à la promptitude et à la facilité du travail , ainsi qu'on l'a déjà observé dans le courant de cet Ouvrage.

Il sera facile de disposer une grange ordinaire d'après le plan que nous venons de décrire. Il suffit pour cela d'élever dans la partie mitoyenne deux murailles sur lesquelles on établira un plancher, de construire un pont , et d'ouvrir une porte qui servira de communication entre le pont et le plancher.

Le plancher de cette grange est très-propre à faciliter le battage des grains ; il est plus élastique et moins humide que les aires placées au rez-de-chaussée ; il est moins sujet à réparation ; et on peut y tenir entassé le blé qu'on vient de battre , sans crainte qu'il soit détérioré.

SECTION XVIII.

BERGERIES, APPENTIS ET HANGARS POUR LES MOUTONS.

L'OUVRAGE dont nous avons donné la traduction, né renfermant rien de relatif au logement des bêtes à laine, nous avons jugé convenable d'indiquer les méthodes de construction les plus économiques, et les plus avantageuses à la santé et à la conservation de cette espèce d'animal.

Il est bien reconnu que les moutons ne demandent pas à être logés dans des étables , et que même ils jouissent d'une meilleure santé lorsqu'on les tient habituellement à l'air. Cette vérité a été démontrée par les expériences de Daubenton; et elle est confirmée journellement par l'usage de divers pays où on laisse ces animaux exposés au grand air, non-seulement en été, mais encore dans la saison la plus rigoureuse. J'ai vu, dans des îles de la Norwége sous le soixante-unième degré, des moutons qui vivent pendant six mois de l'année au milieu des neiges sans en être incommodés. Ces animaux qu'on laisse habituellement dans les prairies en Hollande, se maintiennent dans un bon état de santé, malgré l'humidité de l'atmosphère , et les pluies abondantes du pays.

Il est vrai que le froid ou la pluie sont, dans certaines circonstances, très-pernicieux à nos troupeaux ; mais il n'est pas moins certain que les causes de ce mal ne sont alors que secondaires , qu'elles n'agissent qu'en raison du mauvais régime auquel on soumet les animaux , et sur-tout qu'elles proviennent de la mauvaise construction des étables.

On enferme les moutons dans des étables étroites et mal aérées, où ils éprouvent pendant l'été, et même pendant l'hiver, une chaleur excessive et des sueurs abondantes. On les conduit imprudemment au grand air, et souvent dans une atmosphère humide ou glaciale; de sorte que le passage successif du chaud au froid ou à l'humidité, devient, pour ces animaux, la cause des nombreuses maladies auxquelles ils ne seroient pas exposés, si on les soumettoit à un régime mieux entendu. D'ailleurs, les miasmes qui émanent du fumier ou du corps des moutons , deviennent mortels pour ces animaux, lorsqu'on les renferme dans un lieu resserré, et où l'air ne peut circuler librement. La qualité de leur toison s'altère ; et souvent même le fumier s'échauffant perd une partie de son activité.

Il sera donc facile et avantageux de tenir habituellement les moutons au grand air, ou du moins sous des hangars ou des appentis. Il suffira d'avoir une étable close, mais cependant convenablement aérée, afin de pouvoir mettre à l'abri du grand vent, ou d'un froid trop sensible, les animaux malades, ou les agneaux d'une constitution foible.

Après avoir parlé des appentis et des hangars, deux genres de logement préférables sous tous les rapports aux bergeries ordinaires, j'indiquerai, en faveur des personnes attachées aux anciennes méthodes, les principes d'après lesquels une bergerie doit être construite.

Il faut, avant de fixer le local sur lequel on veut placer un logement pour les moutons, choisir un terrain élevé, en pente et à l'abri de l'humidité. Si l'on est forcé de construire sur un sol humide, ou exposé par sa situation à recevoir les eaux des pluies, on exhaussera alors le terrain avec des cailloux ou des graviers, ou même avec de la terre, dans le cas où l'on ne pourroit se procurer les deux premières substances : il sera même avantageux de pratiquer un fossé qui assénira le terrain, et facilitera l'écoulement des eaux.

L'exposition qui convient le mieux aux appentis ou aux étables destinées aux moutons, est celle qui les garantit en été des ardeurs du soleil, et qui les met, durant l'hiver, à l'abri des vents humides. Il importe donc de placer vers le sud-est la façade des appentis, les portes et les principales fenêtres des bergeries.

Les appentis doivent être préférés aux hangars, par la raison que la construction en est plus facile et moins dispendieuse. On peut même les adosser aux murs d'une basse-cour : il suffit à cet effet de placer quelques poteaux parallèles au mur, sur lesquels on fixe la partie inférieure d'un toit, tandis que la partie supérieure est supportée par le mur, ainsi qu'on le voit dans la *Pl. XXXI, fig.* 4. Il faut donner aux appentis cinq à six mètres de large, sur une longueur déterminée d'après le nombre de bêtes que l'on veut loger. On donnera un mètre et demi en carré pour chaque individu de petite taille, ou deux mètres et demi en carré pour les plus fortes races. Les poteaux qui supportent le toit s'élèveront de deux ou trois mètres hors de terre.

On pourra construire la bergerie en retour d'équerre, si la distribution des autres bâtimens ou la situation du terrain ne permettent pas de la placer sur une même ligne: dans ce cas, l'une des faces regardera l'est, tandis que l'autre sera tournée vers le midi. Le retour d'équerre est marqué par les *lettres B B* dans la *Pl. XXXI, fig.* 4.

L'espace compris entre les poteaux doit être fermé par un grillage en bois, à la hauteur d'un mètre et demi, afin que les moutons ne puissent sortir lorsqu'on juge convenable de les tenir enfermés. On conservera une porte qui servira au passage des animaux et à l'extraction des fumiers. Il est nécessaire de ménager des ouvertures dans la partie supérieure du mur, et même dans la partie qui avoisine le sol, afin que l'air puisse circuler librement et dans toutes les directions. Les ouvertures inférieures auront un double décimètre en carré, et pourront être fermées avec de la paille, si l'on craint qu'un vent froid ou humide n'incommode les moutons.

Les *lettres A A A* représentent les râteliers placés dans la longueur et au milieu
de l'appentis. Les râteliers qu'on pose dans
nos bergeries sont ordinairement formés par
une espèce d'échelle fixée contre les murailles,
ou par un double rang de barreaux placés à
angle droit, et se prolongeant pour former
une base qui sert de soutien au râtelier.

Cette construction, qui nécessite l'inclinaison plus ou moins grande des râteliers,
est vicieuse, parce qu'alors les moutons répandent une portion du foin qu'on leur donne,
et que les graines et les fragmens de fourrage
tombent sur leur toison, et la détériorent. Il
est d'autant plus important d'empêcher la
chute du foin sur le corps des moutons, que
ces animaux saisissent, arrachent et avalent
des filamens de laine, en cherchant à prendre
les particules de foin qui s'y trouvent enga-
gées. Cette laine forme dans la caillette des
gobbes ou pelotes, qui ferment l'entrée des
boyaux, et qui occasionnent souvent la mort
des moutons.

Les râteliers que je propose, et que j'ai vus
en Allemagne, sont, il est vrai, un peu plus
dispendieux que ceux dont nous nous servons
en France ; mais ils offrent de plus grands avan-

tages, et ils sont exempts des inconvéniens
que ceux-ci présentent. Ces râteliers mobiles
AAA, dont la longueur est indéterminée,
sont formés avec quatre perches fixées à chacune de leurs extrémités par deux cadres,
et liées, dans les parties latérales ainsi qu'à
la base du râtelier, par des traverses ou barreaux de bois. Les barreaux des râteliers au
travers desquels les moutons prennent leur
nourriture, se trouvant dans une situation
verticale, les graines et les brins de fourrage
ne peuvent tomber sur le corps des animaux.

Les auges CC sont garnies de distance en
distance de traverses sur lesquelles reposent
les râteliers. Elles sont destinées à recevoir
les débris de fourrage qui s'échappent à travers les barreaux, et qu'on donne aux vaches
avec une addition de paille hachée. Elles servent aussi, après que les râteliers ont été
enlevés, à mettre les racines, les grains et
autres substances qu'on donne aux moutons,
et qui ne peuvent être contenues dans les râteliers. La hauteur, ainsi que la largeur des râteliers, est de trois décimètres et demi. Les
auges ont une largeur de cinq décimètres, et
leur profondeur est de seize centimètres.

Quelques cultivateurs trouvent qu'il est

plus avantageux de faire manger habituellement les moutons dans les auges : ils chan-
gent alors la construction des auges, en leur
donnant une plus grande profondeur, et ils
fixent verticalement sur leurs bords des barreaux assez longs pour que les moutons ne
puissent les franchir. Ces animaux passent
leur tête à travers les barreaux, et mangent
ainsi le fourrage contenu dans les auges.

Les personnes qui voudront faire construire des hangars pour les moutons, peuvent consulter l'*Instruction pour les Bergers
et les Propriétaires de Troupeaux*, par Daubenton, dans laquelle ils trouveront une description de hangar que nous croyons inutile
de rapporter ici.

Nous avons déjà observé que les étables ordinaires étoient plus dispendieuses, et moins
favorables à la santé des moutons, que ne le
sont les appentis et les hangars. Si cependant nos observations ne déterminent pas les
cultivateurs à abandonner l'ancienne méthode, nous croyons devoir leur rappeler les
principes dont ils ne peuvent s'écarter sans
nuire à leurs propres intérêts.

Il faut, en construisant une étable à moutons, avoir non-seulement égard à la nature

et

et à la disposition du terrain, à la situation des bâtimens, et aux autres précautions indiquées plus haut ; mais l'on doit encore ménager dans les murailles, sur les différens côtés de la bergerie, des ouvertures assez spacieuses, et en nombre suffisant, pour que la circulation de l'air n'éprouve aucun obstacle. Il est même indispensable d'établir de petites ouvertures au pied des murs, afin de renouveler l'air inférieur qui, sans cette précaution, contracteroit des qualités putrides. Il n'est pas moins essentiel de pratiquer dans le plancher supérieur quelques soupiraux qui serviront à renouveler l'air, et à établir une circulation non interrompue dans chaque partie de l'étable. Ces soupiraux qui sont faits avec quatre planches réunies longitudinalement, et fixées avec des clous, s'élèvent au-dessus de la toiture du bâtiment ; et ils forment des conduits par lesquels s'échappe l'air qui a contracté une trop grande chaleur, ou celui qui tend à la putréfaction.

On doit construire des bergeries assez spacieuses pour que les moutons puissent se mouvoir, se reposer, et prendre leur nourriture sans s'incommoder, sans se blesser, ou sans être suffoqués les uns par les autres.

Q

On observera de donner une largeur suffisante aux portes de la bergerie qui servent
de passage aux moutons. Ces animaux ont
l'habitude de se porter en foule, et de se presser les uns contre les autres, de manière qu'il
en résulte des accidens lorsque les portes sont
trop étroites.

SECTION XIX.

ÉTABLES ET AUTRES CONSTRUCTIONS NÉCESSAIRES A L'ENTRETIEN D'UN TROUPEAU DE COCHONS.

QUOIQUE le cochon puisse supporter jusqu'à un certain degré le mauvais régime auquel on le soumet, l'expérience nous démontre cependant que cet animal, ainsi que tous les animaux soumis à la domesticité, multiplie, se conserve en santé, et donne des bénéfices à raison des bons traitemens qu'il reçoit. Cette vérité semble être inconnue aux cultivateurs français, à en juger par la manière dont ils soignent les porcs, et sur-tout par la négligence qu'ils apportent dans la construction des logemens qui leur sont destinés. On place en effet ces animaux dans des réduits étroits, obscurs et humides ; on les laisse croupir dans leurs ordures, sans penser même à leur accorder quelques brins de paille pour leur servir de litière.

Le cochon doit être convenablement logé ;

il faut le tenir dans un lieu sec , aéré et propre. C'est une erreur de penser qu'il aime à vivre dans l'ordure , et que la propreté ne lui soit pas aussi avantageuse qu'elle l'est aux autres animaux.

Comme on a l'usage dans quelques départemens d'élever un grand nombre de cochons, et que leur éducation offre dans certaines circonstances de grands bénéfices, nous avons jugé convenable de tracer ici le plan d'une cour entourée de constructions uniquement destinées au logement et à l'entretien de ces animaux.

Les cultivateurs qui n'élèvent qu'un petit nombre de porcs , pourront placer des toits dans l'enceinte de la basse-cour , en se conformant, soit à ce qui a été dit dans cet Ouvrage , soit aux règles de construction que nous allons donner.

Lorsqu'on entretient un certain nombre de porcs , il est plusieurs raisons qui doivent porter à choisir un local uniquement destiné à leur éducation. Ces animaux d'une nature pétulante sont difficiles à contenir, et occasionnent de grands dégâts, lorsqu'ils s'échappent et qu'ils se portent dans les bâtimens d'une ferme, ou sur les terres cultivées :

inconvénient qui ne sauroit avoir lieu lorsqu'on les tient dans une cour séparée. On peut même, dans ce dernier cas, les laisser en liberté pendant une partie du jour, ce qui contribue à leur santé et à leur accroissement.

L'éducation d'un troupeau de porcs exige des soins auxquels il sera plus facile de se livrer, lorsqu'on aura disposé un local pour cet objet.

On trouvera de grands avantages à construire une cuisine dans laquelle on fera cuire les alimens destinés aux porcs, et où l'on placera des tonneaux ou des baquets propres à recevoir le petit-lait, les lavures de vaisselle, etc. On construira au-dessous de la cuisine une cave qui servira à conserver, pendant l'hiver, des pommes de terre, des racines, des choux.

Il seroit à propos de ménager à l'étage supérieur un grenier pour les glands, pour le son, et autres alimens de ce genre, destinés à la nourriture habituelle des cochons. On construira dans la cuisine un fourneau dont la chaudière aura une capacité proportionnée au nombre d'animaux qu'on se propose d'élever. On sait que les substances cuites, ainsi que les boissons chaudes, sont favorables à

l'entretien des bestiaux. En effet, une quantité d'alimens soumis à la cuisson, nourrit
mieux et engraisse plus promptement les
animaux, que ne fait la même quantité d'a-
limens crus. Les avantages qu'on retirera de
cette cuisson dédommageront amplement du
travail et des frais qu'elle exige. Ces frais seroient d'ailleurs bien diminués, si l'on adoptoit la construction des fourneaux dont on
trouvera le plan et la description ci-après.

On établira auprès de la porte de la cuisine
un puits, ou, ce qui est préférable, une
pompe, afin d'avoir à proximité l'eau nécessaire pour cuire des alimens, ou pour abreuver les cochons.

Le transport des fumiers étant une opération assez pénible, et qui doit être souvent
réitérée, il sera facile de l'abréger en creusant une fosse dans l'enceinte de la cour. On
placera à la partie la plus inclinée de cette
fosse un tonneau couvert avec des planches,
dans lequel se rendront les urines et les sucs
du fumier. On fera aboutir à ce réservoir
une pompe qui servira à arroser le fumier,
et à élever l'urine destinée à l'arrosement des
champs[1].

[1] La disposition que nous conseillons ici devroit être

Le sol des étables sera pavé; et il aura une pente nécessaire pour l'écoulement des urines qui se rendront dans la fosse à fumier par le moyen des rigoles pratiquées au-devant de chaque loge. Si le bois est commun dans le lieu où l'on construit, ou si l'on ne craint pas la dépense, il faudra alors élever au-dessus du pavé un plancher percé de trous pour faciliter l'écoulement des urines. Les animaux ainsi placés reposeront mieux; il sera plus facile de les tenir proprement, et, ce qui n'est pas moins essentiel, de les préserver de l'humidité.

Les bâtimens dont nous traçons le plan (*Pl. XXXII*), sont destinés pour un troupeau d'environ cinquante cochons, qui pourra être composé dans les proportions suivantes :

adoptée dans chaque ferme. Il est constant qu'un fumier conduit avec intelligence, et parvenu à une bonne confection, produit, à quantité égale, un effet double de celui qu'on obtient avec un fumier mal soigné. On ne sauroit trop blâmer l'insouciance des cultivateurs qui laissent perdre, chaque jour, l'urine qui s'écoule des étables ou des fumiers, tandis qu'il leur seroit si facile de répandre sur leur terre un engrais très-actif, et préférable à ceux qu'ils emploient habituellement.

Verrat pour le service des truies. . .   1
Jeune verrat.   1
Truies portières.   5
Cochons non sevrés 12
Cochons ou truies sevrés. 16
Cochons à l'engrais. 15

                                         50

Il sera facile de donner aux bâtimens plus ou moins d'extension, en ajoutant de nouvelles loges, ou en diminuant le nombre de celles qui se trouvent dans ce plan d'après le nombre d'animaux qu'on se propose d'élever.

Les toits à porcs seront adossés à quatre murailles, dont chacune aura seize à dix-sept mètres de long ; et ils formeront ainsi une cour qui donnera un espace suffisant pour déposer les fumiers, et dans laquelle on pourra laisser les cochons jouir d'une certaine liberté. La propreté exigeroit peut-être que le fumier fût entassé dans un lieu hors de la cour ; mais comme alors le transport en seroit plus difficile et plus dispendieux, il sera plus avantageux de placer le fumier dans la cour, et de réserver un enclos attenant à l'une des murailles extérieures ; lieu dans lequel les cochons jouiront du grand air, et seront tenus avec propreté.

On donnera aux murailles extérieures des toits à porcs quatre décimètres d'épaisseur. Les murs qui servent de division d'un toit à l'autre, auront trois décimètres d'épaisseur, et six décimètres de hauteur.

La lettre *A* (*Pl. XXXII*) désigne la cuisine pour les porcs. Elle a cinq mètres de long sur deux mètres huit décimètres de large. Elle est située au-dessus d'une cave dans laquelle on descend par l'escalier 1. Les deux carrés pointés 2, 2, indiquent deux ouvertures avec une trappe, par lesquelles on introduit dans la cave les racines et autres provisions de ce genre destinées à la nourriture des cochons. La cave doit être divisée en deux parties par un mur 3, élevé d'un mètre trois décimètres. Ce mur aura une porte de communication 4, à laquelle on arrivera par une petite galerie formée par un second mur 5, ainsi qu'on le voit par la ligne ponctuée 3, 4, 5. Cette distribution facilitera l'amoncellement et la séparation des alimens de nature différente ; et elle permettra d'extraire les provisions à volonté et sans aucun embarras.

6, fourneaux pour la cuisson des alimens. 7, 7, cuves ou tonneaux destinés à recevoir le petit-lait, et les autres liquides qui servent de nourriture aux porcs. 8, porte de la cuisine donnant sur la cour. 9, porte qui communique avec les bâtimens de la ferme.

B, pompe placée à côté de la porte de la cuisine.

CC, deux toits de deux mètres de long, sur un mètre six décimètres de large. Ces deux toits, étant placés à la proximité de la cuisine, seront réservés chacun pour une truie nourrice.

DDDD, quatre toits de deux mètres de large, sur trois mètres six décimètres de long, qui seront destinés chacun au logement de quatre cochons d'un an, et même de cinq au besoin.

EEE, etc. loges pour les porcs à l'engrais. Elles auront deux mètres sur un mètre six décimètres.

FF, deux toits de deux mètres de large, sur deux mètres six décimètres de long ; ils serviront à loger les verrats, ou les cochons malades. On pourra, si on le juge convenable, y pratiquer une séparation en bois, afin de loger séparément deux animaux sous le même toit.

Les portes des étables auront six décimètres de large ; et elles seront faites en deux
parties , de manière qu'on puisse à volonté
donner de l'air aux animaux en ouvrant la
partie supérieure, et les empêcher de sortir
en fermant la partie inférieure.

On ménagera à chaque toit deux petites
fenêtres ou lucarnes , dont l'une 13, sera
placée aux murs extérieurs , et l'autre à côté
de la porte, au-dessus des auges. Les toits
se trouveront ainsi suffisamment percés, d'autant qu'ils communiqueront entr'eux par leurs
parties supérieures.

Les auges, larges de quatre décimètres , et
longues de six décimètres , seront parallèles
à la cour , ainsi qu'on le voit aux N°. 10; à
moins qu'on ne préfère de les poser parallè-
lement aux murs de division, et de faire servir
une auge pour deux toits, comme on le trouve
indiqué aux N°. 11. Les toits *DDDD* auront
des auges qui rentreront dans l'étable paral-
lèlement aux murs de division , et auxquelles
on donnera une longueur d'un mètre environ.
Cette disposition est nécessaire, par la raison
que la façade des toits placés aux quatre angles de la cour , se trouve trop étroite pour
recevoir une porte et une auge posées dans

la direction des murs extérieurs. On aura soin d'incliner légérement ces auges vers la cour, afin de pouvoir les nettoyer avec facilité. Elles seront couvertes extérieurement d'un couvercle en bois soutenu par des charnières.

La porte de la cour *G* doit avoir deux à trois mètres de large; car il est nécessaire que les charrettes puissent entrer librement, soit pour porter les provisions destinées aux cochons, soit pour emporter le fumier.

H, fosse à fumier.

I, pompe aux urines placée dans la partie la plus inclinée de la fosse.

SECTION XX ET DERNIÈRE.

DES FOURNEAUX ÉCONOMIQUES.

L'ÉCONOMIE du combustible est un objet de si grande importance , non - seulement pour les villes , mais encore pour les campagnes , que nous avons cru devoir parler , dans un Ouvrage sur les Constructions Rurales, d'un genre de fourneaux très-économique, et qui peut être employé avec avantage , soit aux besoins journaliers du ménage , soit à la cuisson des légumes et des racines qu'on donne aux vaches, aux cochons , et à la volaille.

Si la construction de ce fourneau demande quelque légère avance d'argent, on sera amplement dédommagé de ces avances par l'économie prodigieuse qu'on apportera dans la consommation journalière du combustible. Une partie du bois qu'on avoit coutume de brûler à pure perte , pourra être utilement employée à la cuisson des alimens qu'on destine aux bestiaux. Il est peu de départemens où l'on soit dans l'usage de préparer ainsi la nourriture des animaux : nous ne saurions, cependant, trop recommander cet usage, qui est réellement économique, puisqu'on nourrit mieux, et qu'on engraisse plus promptement les animaux avec une quantité donnée de substances cuites, qu'avec une même quantité non soumise à la cuisson.

Nous allons donner la description d'un fourneau économique, telle qu'elle a été publiée par le citoyen Delessert d'après les principes de Rumford.

Ce fourneau, qui a été construit dans plusieurs établissemens publics, et chez divers particuliers, soit à Paris, soit dans les départemens, a offert par-tout des résultats très-favorables à l'économie du combustible.

Voici les principes généraux de construction :

On doit 1°. introduire le courant d'air par la partie inférieure du foyer, de manière que la flamme, chassée par l'air qui alimente le feu, puisse frapper le fond de la chaudière perpendiculairement de bas en haut, et non pas obliquement, comme dans la plupart des fourneaux et des poêles ; l'air, dans ce dernier cas, poussant le feu de côté, la flamme ne fait que glisser contre la chaudière, et elle y dépose beaucoup moins de chaleur.

2°. Faire en sorte que le tuyau par lequel s'échappe la fumée, fasse plusieurs circuits au-dessous et à l'entour de la chaudière, afin de lui communiquer la plus grande partie de sa chaleur.

3°. Se procurer les moyens d'augmenter ou de diminuer à volonté l'activité du feu. On emploie à cet effet des registres et des bascules qui, adaptés au cendrier et aux tuyaux de fumée, y laissent passer un courant d'air moins fort.

Comme, en suivant ces principes, il n'y a presqu'aucune chaleur perdue, on peut réduire considérablement la capacité du foyer, et par-là économiser beaucoup de bois. Le diamètre du foyer peut être réduit au tiers de celui de la chaudière.

Voici la description détaillée du fourneau construit dans la rue du Mail. Quoique cette construction soit susceptible de beaucoup de perfectionnement, elle pourra servir à donner une idée des avantages que présente ce genre de fourneaux.

Le feu est placé sur une grille de fer (*Planche XXXIII*, N°. 3) de 10 pouces (27 cent.)

de diamètre. Cette grille est soutenue par un pot de terre cuite 2, placé au-dessous. Ce pot sans fond donne passage aux cendres qui vont tomber dans le cendrier 1. On les en retire par l'ouverture latérale du cendrier : cette ouverture a une porte de fer qui doit s'ouvrir et se fermer aussi exactement que possible, et qui a dans le milieu un registre, c'est-à-dire deux demi-cercles de fer vides, tournant l'un sur l'autre, et susceptibles d'être plus ou moins ouverts. La *fig.* 10 représente cette porte isolée ; 4 indique une seconde ouverture latérale qui donne dans le foyer, par laquelle on introduit le bois.

5 représente la chaudière : la flamme va frapper le fond de la chaudière au milieu, fait un tour dans un canal circulaire, construit sous le fond de la chaudière ; de-là elle s'élève, et fait encore un tour spiral autour de la chaudière, ainsi que les lignes pointées de la grande figure le représentent, et comme on le voit encore au numéro 13.

Les canaux dans lesquels circule la flamme sont ménagés dans la maçonnerie. Ce tuyau a 7 pouces (19 cent.) de largeur, sur 3 et demi (9 et demi cent.) de hauteur ; il faut que les angles opposés à la chaudière soient arrondis,

sans

sans quoi la flamme va s'y jeter, et ne frappe plus la chaudière. Le couvercle de la chaudière 11 est de bois de chêne doublé de fer-blanc; le bois sert à contenir la chaleur; le fer-blanc empêche le bois de pourrir. Deux trous ronds dans le couvercle servent, l'un à passer le manche de la spatule qui sert à remuer la soupe, l'autre à donner issue à la vapeur. Lorsque la flamme a achevé le tour spiral ascendant qu'elle fait autour des parois de la chaudière, elle sort du fourneau par un tuyau de cuivre, qui bientôt traverse une petite chaudière 8, dans laquelle est de l'eau : le tuyau, encore chaud, sert à chauffer cette eau destinée à remplacer celle qui s'évapore pendant la cuisson de la soupe. Le numéro 9 offre cette même petite chaudière dans un autre sens [1]. Un canal garni d'un robinet, conduit l'eau de la petite à la grande chaudière : une bascule 6 placée dans le tuyau, au-dessus de la chaudière à eau, sert à modérer la combustion à volonté.

Les fourneaux doivent être construits en

[1] Cette chaudière, qui doit être faite en cuivre, est un peu dispendieuse. Elle est rarement d'une grande utilité. Elle a été supprimée dans les établissemens de soupes économiques de Paris.

R

brique ou en pierre ; mais les parties qui approchent du feu, telles que le foyer, le petit mur au-dessous de la chaudière, doivent être de tuileaux ou de *brïques qui résistent au feu*, assemblés avec de la terre à four, et non avec du plâtre.

Le cendrier pourroit être beaucoup moins élevé, et il suffiroit de lui donner 10 pouces (27 cent.) d'élévation jusqu'au niveau de la grille : par-là la chaudière sera à une hauteur convenable, pour qu'on puisse prendre la soupe sans avoir besoin d'un marche-pied.

La grille doit être en barreaux de fer posés sur les angles, éloignés de 4 lignes (9 millim.) et formant comme une espèce de calotte, afin que les tisons puissent se rapprocher.

Le bouchon 4, qui ferme l'ouverture par où l'on met le bois, pourroit être fait en pierre avec un manche de bois ; mais il sera plus léger si on le fait en tôle, garnie sur le fond extérieur, d'une plaque de bois et d'une poignée.

Les grandeurs de chaudières les plus propres à l'économie du combustible, sont celles qui contiennent de 3 à 500 pintes (3 à 500 litres) ; elles doivent peser de 60 à 100 livres (30 à 50 kilogr.). Il faut qu'elles soient éta-

mées avec le plus grand soin , et on doit en
renouveler l'étamage tous les six mois, ou
plus souvent si cela est nécessaire : en donnant un ou deux pouces d'évasement , il est
facile de les enlever sans déranger la maçonnerie ; et cela est fort commode pour ôter la
suie et les cendres qui s'accumulent dans les
tuyaux circulaires [1] , et qui finiroient par les
obstruer entièrement , si on ne les ôtoit pas
souvent.

Les chaudières se font ordinairement en
cuivre ; elles vaudroient mieux en fer , si on
pouvoit parvenir à le rendre aussi mince ;
car un fond épais retarde beaucoup la cuisson.
En cuivre , il suffit de faire des fonds de demi
à trois quarts de ligne : cela est plus économique , et cela dure plus long-temps ; car il
paroît démontré que ce sont les fonds les plus
épais qui sont les premiers brûlés.

Nous croyons utile de mettre un double
fond à la chaudière : ce double fond doit être
terminé par un rebord d'un pouce , qui puisse
embrasser le fond de la chaudière : on le met

[1] On peut au reste les nettoyer sans ôter la chaudière ,
en jetant quelques séaux d'eau par le haut du tuyau :
l'eau, en coulant avec force , entraîne dans sa chute la
suie et les cendres.

immédiatement dans le foyer , la chaudière pose dessus , il empêche les alimens d'avoir le goût brûlé , et il fait aussi durer le fond de la chaudière : si ce double fond vient à être usé, on pourra aisément le remplacer.

La hauteur de la chaudière doit être d'environ les deux tiers de son diamètre : on peut faire faire au tuyau de la fumée deux fois le tour de la chaudière ; cela augmente encore l'économie du bois.

Si l'on ne veut avoir qu'une petite chaudière de 50 à 60 pintes (50 à 60 litres), on ne pourra faire faire tous ces circuits à la fumée ; mais il faudra se borner à faire un cendrier , un foyer dont le diamètre en haut pourra être le même que celui de la chaudière , mais dont celui de la base appuyée sur la grille sera réduit aux deux tiers.

Il est à propos de construire en planches ou en plâtre , au-dessus de la chaudière , un manteau destiné à recevoir la vapeur qui s'élève , lorsqu'on découvre la chaudière , et que l'eau est en ébullition. Cette vapeur qui pourroit incommoder , si elle restoit dans l'appartement , est entraînée par ce moyen dans le tuyau de la cheminée. Le manteau est désigné par le numéro 7.

Voici un aperçu de ce que peut coûter l'établissement d'un fourneau et d'une chaudière de 230 pintes (230 litres), contenant 300 rations de soupe de trois quarts de pinte (7 décilit.) chacune :

Chaudière en cuivre, de 20 pouc. de haut sur 30 de large (24 centimèt. sur 82), avec son double fond, pesant 65 livres (32 kilogr.), à 2 fr. 25 c. le demi-kilogr. (la livre), ci . . . . 146 francs.

Réservoir en cuivre pour contenir l'eau, pesant 45 livres (22 kilogr.), ci 100

Couvercle, marche-pied, robinet, ci 60

Registres, soupapes, tuyaux, grilles, etc. ci 80

Tuiles, briques, etc. et construction, ci . . 150

Vases de terre, seaux, mesures, etc. etc. ci 60

Environ . . . . 596 francs.

On fait bouillir une chaudière contenant 230 pintes (230 litr.) au bout de trois heures, avec 45 livres de bois (22 kilogr.), lorsque le feu est bien conduit. Une fois l'eau échauffée, il faut très-peu de bois pour entretenir l'ébullition ; et le fourneau conserve tellement sa chaleur, que deux heures après que le feu est éteint , lorsque la soupe est distribuée , l'eau qu'on met pour la soupe du lendemain est aussi-tôt rendue tiède , et qu'en mettant sur le couvercle une couverture de laine , on pourroit conserver l'eau chaude durant plusieurs jours.

Le temps employé à faire bouillir cette eau , pourra paroître bien long ; mais on observera qu'une cuisson lente est nécessaire pour faire une bonne soupe. Si on vouloit la faire bouillir plus vîte , on pourroit diminuer la hauteur de la chaudière , en augmentant son diamètre , ou bien faire un foyer dont la largeur seroit plus du tiers de ce même diamètre ; mais aussi il faudroit employer plus de bois.

Il faut environ 80 livres (40 kilogr.) de bois pour cuire 300 rations de soupe pendant dix heures , ce qui fait environ 15 sous (75 cent.) par jour ; tandis que , dans l'hospice d'Humanité à Paris , on dépense une voie de bois pour chauffer cent soupes , ce qui fait un profit au moins de 7 à 1 en faveur de la nouvelle méthode. De tous les hospices de Paris , celui des Capucins et celui de la Charité sont ceux où la construction des fourneaux est la plus avantageuse , et cependant le profit seroit encore de 4 à 1 en faveur des fourneaux à la Rumford.

TABLEAU DE RÉDUCTION

DU NOUVEAU SYSTÈME DE MESURES, POIDS ET MONNOIES DE FRANCE,

CALCULÉ, D'APRÈS LA FIXATION DÉFINITIVE DU MÈTRE, EN ANCIENNES MESURES FRANÇAISES, ET EN POIDS ET MONNOIES D'ANGLETERRE.

MESURES LINÉAIRES.

NOUVELLES MESURES FRANÇAISES.	Mètres.	ANCIENNES MESURES FRANÇAISES CORRESP. Pieds.	Toises.	Aunes de Paris.	MESURES ANGLAISES CORRESPOND. Pieds.	Yards.
Un Myriamètre vaut...........	10000.	30784. 44450	5130. 74000	8414. 26671	32796. 77800	10932. 26000
— Kilomètre	1000.	3078. 44445	513. 07400	841. 42667	3279. 67780	1093. 22600
— Hectomètre...........	100.	307. 84444	51. 30740	84. 14267	327. 96778	109. 32260
— Décamètre...........	10.	30. 78444	5. 13074	8. 41427	32. 79678	10. 93226
— Mètre (Unité linéaire.)...........	1.	3. 07844	0. 51307	0. 84143	3. 27968	1. 09323
— Décimètre...........	0. 1	0. 30784	0. 05131	0. 08416	0. 32797	0. 10932
— Centimètre...........	0. 01	0. 03078	0. 00513	0. 00841	0. 03280	0. 01093
— Millimètre...........	0. 001	0. 00308	0. 00051	0. 00084	0. 00328	0. 00109

MESURES SUPERFICIELLES ORDINAIRES.

	Mètres.	Pieds carrés.	Pouces carrés.	Pieds carrés.	Pouces carrés.
Un Mètre carré (Unité de mesure), vaut...........	1.	9. 47682	1364. 85200	10. 75370	1547. 5000
— Décimètre carré de côté, vaut...........	0. 01	0. 09677	13. 64662	0. 10754	15. 4750
— Centimètre carré de côté, vaut...........	0. 0001	0. 00097	0. 13647	0. 00108	0. 1548
— Millimètre carré de côté, vaut...........	0. 000001	0. 00001	0. 00138	0. 0001	0. 0015

MESURES DE SUPERFICIE POUR LES TERRAINS.

	Ares.	Toises carrées.	Pieds carrés.	Acres.	Pieds carrés.
Un Myriare, carré d'un kilomètre de côté...........	10000.	263244. 24400	9476792. 80000	246. 92000	10758700. 00000
— Hectare, id. d'un hectomètre de côté...........	100.	2632. 44244	94767. 92800	2. 46920	107537. 00000
— Are, id. d'un décamètre de côté (Unité de superficie)...........	1.	26. 32442	947. 67928	0. 02469	1075. 37000
— Centiare, id. d'un mètre de côté...........	0. 01	0. 26324	9. 47679	0. 00025	10. 75370

MESURES DE SOLIDITÉ ET DE CAPACITÉ.

	Litres.	Pieds cubes.	Pouces cubes.	Boisseaux.	Pieds cubes.	Pouces cubes.	Bushels.
Un Stère, s'il s'agit de solide. Et un Kilolitre, s'il s'agit de liquide } cube d'un mètre de côté.	1000	29. 17390	50112. 50000	76. 92000	35. 31725	60938. 40000	27. 3184
— Hectolitre, mesure égale à cent décimètres cubes...........	100	2. 91739	5011. 25000	107. 37000	3. 53172	6093. 84000	2. 7316
— Décalitre, mesure égale à dix décimètres cubes...........	10	0. 29174	501. 12500	10. 73700	0. 35317	609. 38400	0. 2732
— Litre, mesure égale à un décimètre cube. (Voir pour les liquides.)	1	0. 02917	50. 41250	1. 07370	0. 03532	60. 93840	0. 0273

POIDS.

	POIDS NOUVEAUX. Kilogrammes.	POIDS ANCIENS. Livres.	POIDS ANGLAIS CORRESPONDANS. Livres avoir du poids.	Livres de troy.
Un Tonneau, ou mètre d'eau distillée...........	1000	2042. 85000	2205. 2000	2681. 4500
— Myriagramme...........	10	20. 42850	22. 0520	26. 8145
— Kilogramme...........	1	2. 04288	2. 2052	2. 6815
— Hectogramme...........	0. 1	0. 20429	0. 2205	0. 2681
— Décagramme...........	0. 01	0. 02043	0. 0221	0. 0268
— Gramme, centimètre d'eau distillée, à 0 du thermomètre, équivaut à 18 grains. (C'est l'unité du poids.)	0. 001	0. 00204	0. 0022	0. 0027

MONNOIES.

	Francs. Centimes.	Livres usu. Dix millièmes.	Schellings. Millièmes.
Un Franc, pièce d'argent, pesant 5 grammes, contenant 9/10 d'argent, 1/10 d'alliage...........	1.	1. 0125	0. 800
— Décime...........	0. 10	0. 1012	0. 080
— Centime...........	0. 01	0. 0101	0. 014
Pièce d'or de 10 francs, ayant 1/10 d'alliage...........	10.	10. 1250	8. 000
——— de 25 fr. id...........	25.	25. 3125	20. 000 livres sterling.
——— de 50 fr. id...........	50.	50. 6250	40. 000 deux livres sterling.

COMPARAISON des Mesures, Poids et Monnoies d'Angleterre, aux nouvelles Mesures, Poids et Monnoies de la République Française, d'après les Tables de PAUCTON.

MESURES DE LONGUEUR.

MESURES ANGLAISES.	MESURES FRANÇAISES. Mètres ou parties.
Le Pouce anglais vaut...........	0. 025400
Le Pied vaut...........	0. 304800
Le Yard (mesure égale à trois pieds anglais)...........	0. 914734
Le Fathom (mesure égale à six idem)...........	1. 829448
L'Ell (mesure égale à trois pieds neuf pouces idem)...........	1. 143405
La Perche (idem à seize pieds six idem)...........	5. 030982
Le Mille (5,280 pieds anglais)...........	1609. 914240

MESURES DE SURFACE DITES DE TOISÉ.

	Mètres carrés.
Le Pouce carré...........	0. 000646
Le Pied carré de 144 pouces carrés...........	0. 092972
L'Yard carré de 9 pieds carrés...........	0. 836720
Le Fathom carré de 36 pieds carrés...........	3. 346999

MESURES DE SURFACE AGRAIRES.

	Acres.
La Perche de 272,25 pieds carrés...........	0. 25312
L'Acre de 4840 yards carrés...........	[illegible]
Le Mille carré...........	légal. 25660

MESURES CUBIQUES.

	Mètres cubes.
Le Pouce cube...........	0. 0000164
Le Pied cube...........	0. 0283462
L'Yard cube...........	0. 7653875
Le Fathom cube...........	3. 1231622

MESURES DE CAPACITÉ A GRAINS.

	Litres.
Le Bushel...........	36. 608
Le Quarter de 8 bushels...........	292. 864
Le Chaldron de 4 quarters...........	1171. 456
Le Last de 10 quarters...........	2928. 640

MESURES DE CAPACITÉ A LIQUIDE.

	Litres.
La Pinte anglaise...........	0. 46585
Le Gallon de 8 pintes...........	3. 72520
Le Firkin de 8 gallons...........	29. 80160
Le Kilderkin de 2 firkins...........	59. 60320
Le Barel de 2 kilderkins...........	119. 20660
L'Hogsead de 63 gallons ou 504 pintes...........	234. 68760
La Pipe de 2 hogseads...........	469. 37520
Le Tun de 2 pipes...........	938. 75040

MESURES DE PESANTEUR.

	Kilogrammes.
Poids de troy. { once...........	0. 031075
{ livre de 12 onces...........	0. 373008
Avoir du poids. { once...........	0. 028342
{ livre de 16 onces...........	0. 453678
Stein de 14 livres, avoir du poids...........	6. 346892
Hundred de 112 livres, id...........	60. 792036
Tun de 20 hundreds...........	1015. 730700

MONNOIES.

	Francs. Cent.
Schellings, de la livre sterling...........	1. 25
Livre sterling...........	25
Guinée de 21 schellings...........	26. 25
Pièce d'or de 7 schellings...........	8. 75

Il est nécessaire de prendre du bois très-sec, scié en morceaux de six à huit pouces, et fendu très-mince.

Nous engageons tous ceux qui ont besoin de chauffer de grandes masses de liquides, à adopter les principes de la méthode de Rumford, sauf à y faire les changemens nécessaires pour chaque destination.

Les agriculteurs, les teinturiers, les salpêtriers, les fabricans de sel, les brasseurs, les blanchisseuses, les baigneurs, les distillateurs, les chapeliers peuvent en tirer un très-grand parti, sans y faire d'autres changemens que des foyers plus ou moins grands, selon qu'ils veulent une chaleur plus ou moins prompte.

Nous leur conseillons cependant de préférer des chaudières carrées ou longues, parce que la construction en est beaucoup plus facile, les briques n'ayant plus besoin d'être taillées ni arrondies : les tuyaux droits sont plus faciles à construire que les tuyaux circulaires ; on pourra plus facilement ménager des ouvertures latérales pour les ramoner.

F I N.

TABLE DES SECTIONS

Contenues dans ce Volume.

---

(266)

Fin de la Table des Sections.

TABLE DES MATIÈRES

Contenues dans cet Ouvrage.

A.

B.

E.

Fin de la Table des Matières.

Toits à Porcs. À leur construction, 214-216. Plans.
Construction et Dépendances de Teto à Porcs propre à loger. Inspecte Cochique, 142 232.
Travaux de la Compagnie facilités par le sage distribution des Bâtimens. (Voyez le mot Travaux.)

U.

Uva, &c. Observe les portées Truies, 84.

V.

Vaches. (Voyez Abri pour les Vaches, Étables à
Vaches, et &c.)
Veaux. (Comment ils doivent être logés, 70-71, 86-
88.
Volaille, Manière de loger la Volaille, 109 et suiv.

(Fin de la Table des Matières.)